HOMENAJE A LAS MUJERES TRISTES

HOMENAJE A LAS MUJERES TRISTES

Juana Frontera-Fogel

Número de Control de la Biblioteca
del Congreso de EE. UU.:   2012903266
ISBN: Tapa Blanda   978-1-4633-2138-3
                       Libro Electrónico   978-1-4633-2137-6

Portada: Autorretrato de Alma de la Fuente (QEPD) Oleo en Canvas. Colección privada de la familia De La Fuente. *www.almadelafuente.com*

Corrección Español: Mario Andrés Reyes
Foto Contraportada: Jose Satizábal

Este Libro fue impreso en los Estados Unidos de América.

Para pedidos de copias adicionales de este libro, por favor contacte con:
Palibrio
1663 Liberty Drive
Suite 200
Bloomington, IN 47403
Llamadas desde los EE.UU. 877.407.5847
Llamadas internacionales +1.812.671.9757
Fax: +1.812.355.1576
ventas@palibrio.com
390496

Tristeza femenina

Sentada estoy frente al mar
no tengo motivos para andar
Ahora no sé porque estoy viva
y me da igual...
solo me siento a esperar...

Llora el alma si no escribo
pienso en ellos y no puedo respirar
es muy duro este camino
y me da igual...
solo me queda esperar...

Miro atrás! y veo mi rastro...
no conduce a mi hogar...

No! Lo que tenga que vivir
quiero hacerlo junto a ellos
y saber a dónde voy..
No! no elegí vivir así
solitaria hasta morir
sigo sin saber quien soy...

Ya no sé que es estar viva
ya no tengo ansias de soñar...
en la montaña más clara es mi voz
y qué más da, si nada tengo que hablar

Ante mí, Dios! su imagen me habla...
y me conduce a mi hogar!...

JF

Agradecimientos

A TODAS LAS MUJERES EN MI VIDA: Mi Madre, Melquiades
(QEPD), Dorotea, Jennifer, Vivian, María Elena, Maritza, Doraida,
Lili, Marta, Raquel, Patricia, Iliana, y otras tantas, que sería muy
largo mencionar... **TODAS FUERON Y SON MI INSPIRACIÓN
Y PARA USTEDES ES ESTE LIBRO.**
De todas aprendí. De la mayoría recibí mucho amor y de las
menos desamor; lo importante es que fueron un vehículo para
aprender muchas lecciones de vida. A todas las amo y agradezco.
Pues gracias a que ustedes, que están o estuvieron en mi vida, me
sensibilice para escribir este libro.
A MARIO ANDRÉS REYES, el amigo, el intelectual y el
hombre, de los que yo he conocido, que más ama y rinde culto a las
mujeres. Por eso se merece este agradecimiento y reconocimiento.
A ROLANDO DE LA FUENTE, quien hizo la fotografía del
cuadro de su madre (QEPD) y que en nombre de la familia De la
Fuente, me hizo el regalo de permitir que la usara para la portada
de mi libro.

Prólogo

Este prólogo está escrito por mí.............un hombre anónimo, un hombre común, un escritor inédito...Simplemente un hombre como todos, que hemos estado en este mundo, rodeados de mujeres: madres, esposas, hijas, hermanas, compañeras, amigas, unas profesionales, otras autodidactas, pero la mayoría amantes! Amantes? Si amantes... porque son ellas finalmente, las que nos ayudan a nosotros los hombres a comprender y aceptar después de devanarnos los sesos en lucubraciones y acciones, y de acumular fracasos en el manejo del mundo, que la fuerza está en el amor que ellas prodigan. Sentimiento que tienen de sobra!!!

Este libro contiene una serie de cuentos vibrantes, llenos de relatos tristes....con olor a mujeres que están tristes... muy tristes por la sociedad en la que les tocó vivir...por el machismo que ellas mismas crearon a través de nosotros y que nosotros les creímos de buena gana, porque ¿a quién no le gusta ser rey?, trayendo cada día más y como consecuencia, la violencia familiar tanto física como emocional a ellas mismas y por ende a los hijos; para que ellos a su vez copien el modelo y se incremente el abuso y acoso.

Son cuentos de la vida real........solo que están redactados en una forma, que se oculta, por obvias razones, la identidad de los personajes. Están basados en nuestra cotidianidad familiar y en las sociedades que nos rodean, influenciadas por la política, religiones, creencias, valores, profesiones, medios de comunicación, pero sobre todo, y eso es lo más fascinante, *sin ninguna pretensión literaria*, un estilo muy coloquial, para hacer fácil su lectura.

La autora logró poner el dedo en la llaga al sellar en el capítulo final del libro, su motivación, revisión y actualización del tema, que bajo su experiencia como profesional de la salud, hija, hermana, madre, esposa y amiga... nos invita a reflexionar y deducir que los seres humanos nacimos para aprender a respetarnos por simple ética, o vernos sumidos en la escalada de terror que hay en la sociedad actual, sino se tiene la convicción que existe un Dios y por ende el Amor.

Entre lo que ha perdido la mayoría de mis congéneres, es la noción de no ver y tener conciencia de lo que es la mujer como ser humano integral, soporte total en una sociedad, porque está dotada de la misma inteligencia racional, emocional, y con cierta supremacía biológica (maternidad), sino que además, lamentablemente en muchas sociedades en el del mundo, ha sido confinada a hacer las tareas más ingratas, otras abandonadas con hijos, esclavizadas y lo más patético y cruel, tomadas como juguete sexual para ser utilizadas, violadas, prostituidas, mancilladas y canjeadas como mercancía. En algún lugar del camino que hemos recorrido, nos perdimos y olvidamos hacerle justicia y mucho menos amarlas... como si no hubiéramos sido paridos por ellas. Traigo a mi mente algo que escribió una vez Octavio Paz...

"Las desdichas del amor son las desdichas de la vida".

Mario Andrés Reyes

Introducción

¿Qué me hace escribir sobre mujeres tristes? El convencimiento de que muchas de nosotras lo son. Desde Eva hasta nuestros días, pasando por miles de años de historia. Hay sobre nuestras aparentes espaldas frágiles, un lastre enorme lleno de injusticias, incomprensión, y obligaciones. Especialmente la obligación de que, aunque estemos profundamente tristes, debemos mostrarnos justamente lo contrario; para hacer bien nuestro rol, o roles: madre, compañera, esposa, hija y como si esto fuera poco, en la actualidad, hay que ser una profesional destacada.

Detrás de cada mujer hay una historia digna de contar: **"desde la cuna donde nacimos hasta la tumba donde dormiremos -toda la atropellada ruta de nuestras vidas- debería ser pavimentada de flores para celebrarnos"**. Es que ser mujer no es fácil, nunca lo fue, ni jamás creo que lo será. Tal criterio -transformado en verso por la poetisa nicaragüense Gioconda Belli y compartido cada vez por mayor cantidad de personas en el mundo- anima desde hace algunas décadas el rescate de trayectorias femeninas ignoradas a lo largo de siglos.

Siglos acumulando el afán de diferenciar a ambos sexos en relación con jerarquías y funciones. Durante los cuales, de un extremo a otro del planeta, las mujeres casi siempre llevaron la peor parte, fueron y son tratadas como ciudadanas de segunda clase. "La institucionalización del dominio masculino sobre mujeres y niños/as en la familia y la extensión del dominio masculino sobre las mujeres a la sociedad en general".

Actualmente, las mujeres tienen pleno protagonismo, invaden las universidades y compiten con los hombres en todas las áreas de la sociedad; tanto en los puestos de trabajo de jerarquía, como en las investigaciones científicas y económicas; los puestos políticos de más alto nivel y en todos los campos de la cultura. Pero está todavía lejos, el día en el cual, se les reconozcan sus méritos. Se le pague el mismo dinero por hacer el mismo trabajo, así como valorar lo que, además de su jornada de trabajo hace en sus hogares por sus hijos y demás miembros de sus familias. La mujer del Nuevo Siglo se enfrenta a retos cada vez mayores, el mundo se vuelve más exigente ante el hecho de su presencia en el proceso de posicionamiento que se ha ganado a través de la historia.

La mujer es un ser especial, así lo manifiestan poetas, filósofos, enamorados, esposos, padres e hijos. En la mujer se conjugan los sentimientos, los valores y una visión especial del mundo. En ella interactúan los ciclos hormonales, la diferencia cerebral, el temperamento y las influencias culturales que la hacen emplear las alas que le permiten volar hacia el infinito del deseo y la imaginación. La menarquía y la menopausia son, entre otros, algunos de esos temas objeto de investigación. Nadie niega su "naturaleza biológica" pero si se oculta que su comprensión e interpretación también es social y cultural. ¿Por qué sino, a la primera se le interpreta como el anuncio de "ya soy mujer" y a la segunda se la identifica con "el ocaso y muerte de la feminidad"?.

La Declaración de la Asamblea General de las Naciones Unidas en su 42 período de sesiones, celebrado en 1998, la Comisión de la Condición Jurídica y Social de la Mujer de las Naciones Unidas propuso nuevas medidas e iniciativas que deberían aplicar los Estados Miembros y la comunidad internacional para poner fin a la violencia contra la mujer, incluida la incorporación de una perspectiva de género en todas las políticas y programas pertinentes. Entre las conclusiones convenidas del período de sesiones figuran medidas destinadas a prestar apoyo a la labor de las organizaciones no gubernamentales, combatir todas las formas de trata de mujeres y niñas, promover y proteger los derechos de los trabajadores migrantes, en particular las mujeres y los niños, y promover las actividades coordinadas de investigación sobre la violencia contra la mujer. Ante la evidencia de que:

- Más del 20% de las mujeres han sido víctimas de maltrato por los hombres con los que viven.

- Las violaciones y la violencia en el hogar culminan en la pérdida de más años de vida saludable, entre las mujeres de 15 a 44 años de edad, que el cáncer mamario, el cáncer de cuello uterino, el parto complicado, la guerra o los accidentes de tránsito.(Cifras del Banco Mundial)

- La trata de mujeres y niños, que casi siempre se realiza para la explotación sexual con fines comerciales, genera hasta 8.000 millones de dólares anuales. Las mujeres y niñas pobres figuran entre los principales grupos afectados por los tratantes debido a su marginación y limitados recursos económicos.

- Entre 85 y 114 millones de mujeres y niñas, la mayoría de las cuales vive en África, el Oriente Medio y Asia, han sido sometidas a la mutilación de sus genitales.

Pese a los logros registrados en la vida de las mujeres en los últimos 50 años, hay mucho camino por recorrer en materia de derechos. Según la organización Internacional del trabajo (OIT), al ritmo actual faltarían 479 años para la equiparación de hombres y mujeres en términos de poder económico y político. Los más grandes abismos están en la diferencia de acceso a la propiedad de la tierra (las mujeres son propietarias sólo de la quinta parte) y ganan mucho menos que los hombres por hacer los mismos trabajos. Tanto el analfabetismo como la desnutrición son marcadamente mayores en las mujeres. En culturas como las musulmanas, siguen privadas de derechos tan elementales como a la decisión sobre su vida, elección de sus parejas, el acceso al estudio y a la herencia. Son víctimas especiales de los crímenes de guerra, porque sobre ellas se ejerce todo tipo de violencia sexual. Todos los días cientos de mujeres son violadas y muertas en un fenómeno que se ha dado en llamar *femínicidio*.

Pero no solo somos víctimas de la discriminación por parte de la sociedad, nosotras mismas alimentamos una cárcel en nuestras mentes que debemos eliminar: el **temor inconsciente de la mujer a "quedarse sola"**, y en muchas ocasiones aceptan relacionarse con alguien simplemente por no "estar sola", aunque en el fondo sepa perfectamente que no es la persona con la que se siente plena y satisfecha. En otras ocasiones permite el maltrato físico, verbal y emocional y hasta la infidelidad, por tratar de retener a alguien a su lado. A menudo se destaca en los medios de comunicación la violencia física de que son víctimas miles de mujeres en el mundo, incluyendo aquéllas que mueren diariamente a manos de sus compañeros de vida. Ésta es la evidencia más cruda de la existencia de este terrible flagelo en nuestros hogares.

Existe otro tipo de violencia intrafamiliar que, es aun más común que la violencia física y cuyas brutales consecuencias, no se destacan suficientemente, es la violencia emocional y psicológica. La violencia emocional es más difícil de demostrar y minimizada porque no deja cicatrices visibles, aunque sus secuelas son más profundas, pues su blanco es el espíritu y la psiquis de la víctima. En nuestras sociedades machistas justificamos este maltrato catalogándolo de "normal". Es más fácil hacerse de la "vista gorda" y culpar a las víctimas señalándolas de idiotas por "dejarse" o "merecerlo", que comprender el proceso estructurado del abusador el cual prepara las circunstancias para asegurarse el control absoluto sobre su víctima con el ánimo de abusarla impunemente.

¿Cuántas mujeres sufren en silencio este tipo de violencia en el mundo? ¡Muchísimas más de lo que podemos imaginar! Podrías ser tú, o tu madre, tu hija o tu hermana, tu vecina o tu amiga. Ni cuenta nos damos, pues la víctima es leal, y teme a las reacciones del déspota, le guarda el secreto, lo protege, y generalmente ¡lo ama! ¿Podemos acaso imaginarnos lo devastador que es vivir a diario recibiendo insultos, rechazos, maltratos y traiciones del ser en quien hemos depositado toda nuestra confianza, nuestro amor y de quien dependemos para subsistir? El abuso emocional va permeando poco a poco la psiquis. No sucede de la noche a la mañana. Hasta las mujeres más inteligentes, capaces e independientes pueden llegar, sin darse cuenta, a ser víctimas y perder su autoestima y dignidad en manos del hombre que aman, tratando de salvar la ilusión de su relación conyugal. La violencia emocional ya está tipificada como delito pues son ampliamente reconocidos sus demoledores efectos en las víctimas y en las sociedades, sin embargo, pocas veces se procesa y condena a los abusadores, ya que el delito es minimizado y el proceso mismo maltrata aun más a la víctima y protege al victimario.

Esta es la situación en la que nos encontramos las mujeres actualmente, así que una pregunta podría ser: ¿**Cómo será la mujer del futuro?** Es muy difícil anticiparlo, sin embargo no faltan opiniones al respecto; entre ellas no puedo evitar mencionar, la que se atreve a pronosticar como será la mujer dentro de 400 años: "**las mujeres del futuro serán más bajas, más rellenitas y más fértiles**". Los cambios vienen con un plus: tendrán un corazón más sano. El resultado del informe, publicado en la revista "Proceedings", es hasta ahora la prueba más sólida de que los seres humanos siguen evolucionando. ¿La conclusión? "En el año 2409, la mujer media será dos centímetros más baja y un kilo más pesada que la actual. Además, en promedio, tendrá a su primer hijo cinco meses antes que las mujeres de hoy y entrará en la menopausia diez meses después. Y gozará de un corazón más sano", adelantó Stephen Stearns, biólogo evolutivo de Yale y director del estudio. Por suerte no estaré por acá para saber si tiene o no razón, aunque no puedo dejar de decir que, en lo personal me parece poco probable hacer con certeza esa predicción.

Pero hay algunas realidades que se pueden anticipar; el más importante cambio que debe ocurrir, es **la definición de género,** el cual tendrá un efecto liberador para las mujeres.

Al poner de manifiesto que el comportamiento femenino no obedece a imperativos biológicos, y al desembarazar al sexo femenino de la atadura de los prejuicios actuales, según los cuales en la mujer **la anatomía es su destino**, porque este se irá construyendo conforme a los diversos estímulos de carácter socio-cultural que recibirá. Si bien hasta ahora ese destino estaba predeterminado por la concepción que el patriarcado tenía de la feminidad, es hora que las mujeres revalúen esa definición y construyan una nueva concepción de lo que significa ser mujer.

Un reto que debemos asumir es que, a pesar de todos nuestros logros, algo sigue fallando a la hora de **enfrentar la identidad femenina**. Pensar en esta desde, por y para las mujeres es una tarea difícil de confrontar, que ofrece problemas a cada paso, como es el resistirse al conocimiento, incluso científico y contravenir muchas de sus máximas. No obstante, es a la vez la tarea más apasionante para quién se siente digna dentro de un cuerpo de mujer (valorando las múltiples experiencias que nuestra corporalidad nos aporta) y no atrapada en él.

Esta tarea es un trabajo que nos obliga a enfrentarnos a prejuicios y a estar vigilantes al entorno sociocultural, pero que a la vez nos exige dar paso a la construcción de un nuevo orden que nos permita mostrar con orgullo lo que es y debe ser un mundo femenino.. **Mujeres somos desde el día que nacemos hasta el que tengamos que morir; no más en una etapa ni menos en otra, sino diferentes en cada momento, tan diferentes como lo somos las unas de las otras.**

Las características asociadas tradicionalmente con la feminidad, como la capacidad para el vínculo y la compasión frente a los otros, en cierta medida, no deben ser vistas necesariamente como irreconciliables con la capacidad y los deseos hacia la diferencia, la separación y la autodeterminación. La maternidad y la vida familiar empiezan, lentamente, en la cotidianidad, a coexistir con los espacios de trabajo de la mujer en el mundo público, para dejar de presentarse como espacios irreconciliables o contradictorios. Son estos espacios potenciales los que podrían hacer posible una experiencia alternativa para la capacidad de la mujer para la autorrealización y el auto reflexión.

Es esperanzador observar las mujeres, como actualmente, se resisten a la adaptación patriarcal que la sociedad les sigue exigiendo; cómo escogen caminos propios y de qué formas intentan mantener o recuperar su dignidad, orgullo y autovaloración como sujetos. Las luchas por recuperar la confianza y valoración, así como las manifestaciones conscientes de la agresión y la sexualidad como condiciones fundamentales para el desarrollo de la autonomía en las mujeres, deben ser abordadas a partir de las transformaciones que se vienen desarrollando en las relaciones de poder entre los géneros.

Por **TODAS** estas razones, es muy importante que: **Trabajemos juntos para conseguir una equidad social y laboral. Hagamos equipo con los hombres, para construir un futuro en paz y armonía, que nos beneficie a todos. Pero, por sobre todas las cosas, jamás dejemos de sentirnos orgullosas de SER MUJERES.**

CONGÉNERES: disfrútense, valórense y siéntanse libres de ser como deseen ser!

Esta es mi motivación, hacer un honor a las muchas mujeres tristes del mundo, que a pesar de esa inmensa tristeza, se levantan todos los días a luchar por sus hijos, por sus familias y por ellas mismas. Esas valientes guerreras, merecedoras de todos los reconocimientos y homenajes, son las que están apoyando a los que dirigen y construyen al mundo...son sus madres, hermanas, hijas y esposas, haciendo su labor, de forma anónima desde siempre...Reciban todas ellas mi más rendida admiración.

Juana Frontera MD, Ed.M.S.

Josefa,
del amor a la tragedia

"Cásate: si por casualidad das con una buena mujer,
serás feliz; si no; te volverás filósofo, lo que siempre es útil
para el hombre."

(Sócrates)

Josefa nació en una provincia del norte de España. Tuvo una infancia y juventud normales. Era una muchacha hermosa, que estudio escasamente la primaria, pues se casó muy joven con un hombre criado en una sociedad machista de poca cultura y educación; como su círculo familiar y social todo se lo permitía, el marido ejercía violencia familiar por cualquier motivo, le propinaba unas palizas que la dejaban postrada; además de abusar sexualmente de ella, cada vez que llegaba borracho a su casa. Lo único amable de esa unión fue el nacimiento de dos maravillosos hijos.

Una vez, le dio una paliza que la dejó sin sentido y fue llevada de emergencia al hospital. Ella lo denunció ante las autoridades; esta decisión fue mal vista por el círculo familiar de la pareja. Pero lo más sorprendente fue la reacción de la familia de ella, su madre y hermana le decían: -*"Esas cosas pasan siempre en todos los hogares, los problemas con el marido se arreglan en casa!"*. Eso mismo opinaban sus amigos. Así que, por esas cosas amargas de la vida tuvo que quedarse sola con sus hijos; le cerraron las puertas de su hogar y familia. En vista de la soledad que era ahora su única compañía, decidió irse a la capital para allí empezar una nueva vida.

Su hija la describió así: "Mi madre se reía poco. Siempre tenía cara de mal genio, solía fruncir el ceño y encorvaba la espalda al andar. No se depilaba el bigote, ni las piernas y cuando se levantaba por las mañanas cogía un peine del cajón y se lo pasaba por el pelo encrespado; despacio, sin desenredarlo, como si al clavarlo pudiera llevárselo de un tirón. Trabajaba todo el día, limpiado en las casas. También trabajaba en las noches. A veces se preparaba un emparedado en la cocina, algo frío, una lata de atún mal distribuida en el pan que goteaba a través del papel de plata y dejaba rastros de aceite en su bolso de piel sintética. Se subía en el autobús y miraba a través de la ventanilla, pero era evidente que sus ojos y sus pensamientos reflejaban un inmenso vacío, la nada. Mi madre siempre fue una mujer que se dejaba llevar, no tenía ambiciones; lo único que le gustaba era sentarse los domingos en la mecedora y beberse una coca cola. Adoraba las películas de vaqueros y el color azul del cielo"

Josefa fue una mujer muy trabajadora, pero a pesar de esto, el dinero no le alcanzaba y por esta razón tuvo que ir a trabajar durante las noches a una de esas casas donde se practicaba la prostitución. Allí se desempeñaba como recepcionista y señora de la limpieza al mismo tiempo. Lo hacía diligente, de forma honrada, teniendo en mente a sus hijos quienes eran su razón de vivir. Así mismo su trabajo era sacrificado y muchas veces aseaba cosas sucias, como si en este acto, limpiara la conciencia y la doble moral de aquellos hombres, asiduos visitantes del antro. Este oficio lo hacía con un sentimiento de repulsión, pero con el ánimo gratificante que produce saber que sus hijos que no carecían de nada y recibían la mejor educación, gracias a su esfuerzo y sacrificio, obsesionada tal vez, porque tuvieran una vida contraria a la que tuvo ella.

Su hijo decía: "Tanto mi hermana como yo, llegamos a conocer poco a nuestra madre; sabemos que fue una mujer ejemplar, que trabajó y se sacrificó mucho por darnos a nosotros todo lo que ella careció. Pero fueron tan pocas las oportunidades de compartir con ella, casi podríamos afirmar que nos criamos muy solos. Sabemos que todo lo que logramos, nuestra profesión, y logros se los debemos a ella, pues al ser maltratada por nuestro padre y rechazada por la familia, verdaderamente no tuvo otra opción. Cuánto lamento lo dura que fue nuestra vida!! Y más lamento que ahora, cuando podría gozar de nuestra compañía y la tranquilidad de su retiro, eso ya no sea posible!!!"

Un día apareció un hombre en su vida, parecía ser un hombre bueno. Ya tenía 10 años divorciada de su esposo y hasta ese momento jamás ningún otro hombre se había fijado en ella; solo vivía para trabajar noche y día. Era bueno con ella, le daba compañía y apoyo, pero también era un hombre pobre y con pocas ambiciones, así que seguía como siempre trabajando duro. Por espacio de muchos años permanecieron como grandes amigos y amantes, y solo hasta que sus hijos salieron de su humilde casa, para hacer cada quien su propia vida, que ella lo invito para que compartieran sus vidas juntos. Se convirtió en su pareja y fueron felices por varios años compartiendo casa, cama y confidencias.

Esos años fueron los mejores de su vida, con menos compromisos y obligaciones de trabajo, hasta que un día se percató de algo extraño. Su pareja, se quedaba muchas noches fuera de casa, dejó de trabajar y comenzó a viajar mucho.

Muy pronto Josefa se dio cuenta que él mantenía relaciones con otra mujer. Empezó a indagar y lo pudo comprobar. Mientras ella se hacía cargo de todos los gastos del hogar, él se divertía con una mujer más joven, y lo que era peor aún…el infeliz le robó a Josefa, todo lo que ella tenía de valor y lo vendió sin que ella se diera cuenta, para dedicarse a la farra, trago y sexo descontrolado. El dolor que la invadió fue enorme, porque cayó en cuenta que a él sólo le atraían las mujeres jóvenes y "ligeras", coleccionistas de hijos de diferentes padres, que acostumbraban a mostrar sus atributos físicos voluptuosos.

Josefina sufría en silencio, sin atreverse a decirle nada, por temor a que la dejara. Hasta que un día levantó el teléfono y pudo escuchar la conversación que mantenía su pareja con la amante. Decía auténticas barbaridades acerca de ella, y no sólo le contó lo que hacía antes de conocerla, sino que manipuló su historia para dejarla mal: le estaba diciendo que Josefina había trabajado como prostituta. Ella, escuchando desde el otro lado de la línea, quería morir de la desilusión. Después de esto la amante empezó a llamarla, sintiéndose con el derecho de humillarla. Él había tomado su historia y la había manipulado a su conveniencia. Un buen día, ella se dio cuenta del robo continuado que él le hacía y esa fue la gota que rebozó la copa de su paciencia. No lo podía soportar más!

Se debatía en reflexiones para tratar de entender lo que le estaba pasando:

"Vivimos presos a una falsa impresión de la realidad. Por eso nos engañamos... por eso nos engañan y nos mienten también."

"Si viéramos las cosas tal como son, reconociendo las señales que normalmente evitamos reconocer, no tendríamos que lamentarnos luego de haber caído en mentiras ni haber sido presas de gente que va por ahí con un corazón, que solo sirve como órgano para seguir viviendo."

Sabemos que es mentira... sabemos que hay algo errado... pero seguimos! Porque nos amparamos en esa falsa realidad, nos aferramos a lo que quisiéramos que sea, a lo que soñamos que podía ser. Entonces viene lo típico, idealizamos a la persona por lo que queremos ver en ella, no por lo que es; y cuando nos sorprende la fría realidad, ahí es donde vemos claramente todas las señales que siempre estuvieron presentes, pero nos negamos a verlas. Entonces nos invade la culpa, el arrepentimiento. Nos golpeamos la cabeza y lloramos... repetimos una y mil veces lo mismo: ¿Por qué fui tan tonta? ¿Por qué no lo vi cuando estaba delante de mis ojos?

La culpa es un sentimiento que pesa más que una piedra atada al cuello. Porque aunque queramos culpar al otro por habernos engañado, por habernos mentido... sabemos en el fondo que la culpa es nuestra. Nuestra por haber ignorado las señales.

Nos sobreviene una especie de tristeza interna y externa. Externa porque no podemos evitar que se refleje en toda nuestra humanidad, pero no como consecuencia de haber perdido algo o alguien que no sirve, que no era una verdad, sino porque descubres que era solo una "mentira"... ya no quieres esa persona de vuelta, solo te azotas el espíritu y el alma por haber sido tan ingenua una vez más... por haber sido sujeto de un engaño una vez más... pero cuando dices : "una vez más"... te vas sobreponiendo, porque sabes que no fue la primera, y probablemente no será la última, salvo que quieras crecer en espíritu y conciencia. Generalmente no es así.... Nunca más nos pasará, pero vuelve a pasar... porque cuando nos enamoramos o nos apasionamos por alguien, otra vez cerramos los ojos y caminamos por las rieles del tren sin importarnos ser aplastados."

Hasta que no te deshagas de la culpa y el arrepentimiento... no estarás libre.... Las mentiras encarcelan, pero la verdad libera... entonces libérate! "cuando abres tus ojos a la realidad, y a verdad... no hay más porque sufrir..."

Cuando ella le reclamó por el abuso de robarle sus pocas cosas valiosas, simplemente no respondió ni una palabra, solamente la ignoro. Josefa sintió que ya no le quedaba nada en esta vida, y más aún con la ausencia de sus hijos que vivían muy lejos. Él había destrozado su reputación, habló mal de ella a todas sus amantes. ¿Por qué? Cuál era la razón para que a él le gustaran ese tipo de mujeres? ¿Pagar por sexo, y tener mujeres por dinero? Ella estaba anímicamente destrozada; ya no le importaba si estaba o no. No volvieron a tener intimidad y su soledad era cada día más profunda.

Un día el decidió que se iría de la casa; en ese momento, pasó por su cabeza la película de su vida, los maltratos de su anterior esposo, lo dura que había sido con ella la ciudad y todo los sacrificios que tuvo que hacer para levantar a sus hijos; también todo el amor y apoyo que le había dado a este hombre, para que ahora, una vez que estaba vieja y cansada, ser cambiada por otra más joven, y para colmo permitir que el disfrutara con otra el producto de su esfuerzo y trabajo!

Así que, en un arranque de rabia y desesperación, tomó un cuchillo de la cocina y se lo clavó en el pecho. El hombre que hasta hace unos segundos la miraba con burla, confiado de que ella no se atrevería a hacerlo, cambio el rostro presa de pánico. Se lo clavó con la fuerza de toda su rabia! El cayó de inmediato, como fulminado por un rayo y murió instantáneamente.

Ella simplemente tomó el teléfono, llamó a la Policía y se entregó. Desde el primer momento se declaró culpable; después de un corto juicio, fue enviada a una cárcel de mujeres, en donde, a pesar de lo inhóspito de ese lugar, ella encontró la paz y tranquilidad por primera vez en su vida. Recuperó la capacidad de soñar, y lo hacía despierta. En su ensoñación, volvía a su infancia, en aquel pequeño pueblo donde fue una niña feliz. Cantaba como un susurro una canción de su propia música y letra….. *"¿Y si me crecen las alas?… ¡Antes las tenía! Alguien o algo me las cortaron; pasó hace tanto y tantas veces que no recuerdo bien. ¿O es que sigue pasando?… Creo que las alas me las han ido podando de a poquito. Pero ¿Y si las hago crecer de nuevo? ¿Si me convierto en ángel de nuevo? Tal vez sea más fácil seguir este camino tan inestable y sin predicción alguna. Quiero traer de vuelta las ciruelas, el verano, los ramitos de lavanda que juntaba en la infancia. Quiero volver a creer, por un minuto… que todavía es posible… que todavía es posible… que todavía….Alas… para alzar vuelo… Fuerza… para levantarme y salir corriendo de aquí.*

Rapidez… la suficiente para ir bien lejos. Olvido… para no recordar lo que dejé atrás………Decisión… para no desfallecer en el intento….y si me equivoco?… al menos intenté algo. Quedarme aquí sentada en este letargo,.. y si me equivoco?, es que no tuve otra salida. Entonces ahí retomaré las alas, si es que aún no se me escondieron… para siempre…..

Alejandra:
¿protege la educación del desamor?

"Creo que las mujeres sostienen el mundo en vilo, para
que no se desbarate mientras los hombres tratan de
empujar la historia. Al final, uno se pregunta cuál de las
dos cosas será la menos sensata."

(Gabriel García Márquez)

Alejandra estaba distraída, sumida en lo más profundo de sus
recuerdos, donde Adrián había sido el protagonista de una triste
historia humana. Ese hombre formó parte del pasado que estaba
segura no volvería a su vida. Ya no se sentía derrotada, agotada, sin
ilusiones, ni la más infeliz de todas las infelices del planeta y mucho
menos la más estúpida. Ahora sí estaba lista para el verdadero amor.
Empezó a ser más amorosa y consecuente con todas las personas
que estaban a su alrededor; a no poner tanta distancia entre ella y
los otros.....su amor, su pareja, el hombre que la amaría y a quien
ella correspondería... aún no lo conocía, pero estaba lista para él,
cuando apareciera.................

Su apariencia era consecuente con la vida misma que había
desarrollado en los últimos años; reflejaba en su cara mucha paz y
eso hacía que se destacara más su ovalo perfecto y ojos verdes como
el mar, una nariz recta y perfilada que le imprimían carácter, y un
rictus de seguridad en su carnosa y rosada boca; todo esto coronado
por una melena color caoba que mostraba brillos con el sol.

Sabía que la vida le había hecho un regalo. Era una mujer
distinguida, con finos modales y un gusto exquisito e intuitivo; que
le valió muchas veces el que sus compañeros le hicieran broma de

pertenecer a la realeza de los cuentos de hadas. Todo hablaba en ella acorde con ese gusto exquisito, comenzado por las prendas que usaba, tanto en la ropa como en las joyas. Eso la hacía lucir como la típica mujer de éxito. Se desempeñaba como abogada en un famoso bufete, en el cual era muy respetada por su eficiencia y responsabilidad. Estaba muy cerca de cumplir los 40 años y gozaba de una holgada posición económica, que le permitía suplir su refinado gusto, vivir en un fabuloso y lujoso apartamento, provisto con muebles elegantes, obras de arte de destacados autores. Amante de los viajes, había dado vueltas alrededor del mundo varias veces; y de ocupar su tiempo de ocio en la lectura, deporte, cine y teatro.

Indudablemente ya no era la misma. Estaban lejos todas esas vivencias dolorosas de los últimos años. Afloró de golpe en su mente un día en particular, en el cual sintió que su vida no tenía ningún sentido. Ese día se encontró con su amiga de la infancia llamada Lorena, quien a pesar de no ser tan afortunada ni profesional ni económicamente, seguía siendo la mejor amiga que siempre tuvo y la única con la cual pudo compartir las penas que la ahogaban en ese entonces.

Recordaba como su amiga del alma, en ese lejano día la vio tan descompuesta y como aun retumbaban sus palabras....Alejandra! *¿Qué te pasa? Nunca antes te había visto tan triste y con apariencia derrota!!*

Estoy enferma de amor Lorena y no soy correspondida!

¿Cómo es posible eso Alejandra? ¿Qué hombre podría resistirse a estar con una mujer bella, inteligente, rica, importante y además la mejor persona del mundo?

Estoy enamorada de un compañero del bufete; es un hombre de 50 años, abogado también; solo que está casado y tiene tres hijos; lo peor es que es muy religioso y conservador, cree en los valores de la familia por encima de todas las cosas!

Inicialmente fue una relación de amistad basada en el respeto mutuo; a él le producían admiración mis éxitos, así como mis conocimientos. Hablábamos el mismo lenguaje, y podíamos pasar horas juntos con una taza de café en el medio, discutiendo y compartiendo de diferentes temas, algo que él no podía hacer con su mujer.

Pero ¿cómo pasaron de la amistad y compañerismo a una relación amorosa? preguntó Lorena.

Las cosas empezaron sin darnos cuenta, nos coqueteábamos pero no lo reconocíamos; era evidente que sentíamos atracción el uno por el otro, pero jamás estuvo dentro de nuestros planes una relación. Viajábamos juntos en algunas ocasiones por razones estrictamente profesionales. No sé en qué momento él, se empezó a fijar en mí. La primera vez que nos acostamos, él estaba aterrorizado! *Cada vez que estábamos juntos el se enfermaba; le daban ataques de pánico y luego la culpa lo mataba. Pasaba semanas alejado de mí y yo pensaba.... qué bueno!! Ojalá no me vuelva a buscar! Es demasiado complicado!*

Así fui como decidí alejarme de esa relación; me propuse olvidarlo e incluso llegué a estar convencida de que lo había logrado! Empecé a salir con un antiguo compañero de la universidad, que siempre había estado enamorado de mí y traté de iniciar una relación que lograra definitivamente arrancar de mi vida a ese complicado e imposible amor. Adrián, así es como se llama, se enteró de alguna manera que yo había empezado a salir con otra persona, y eso lo hizo entrar en un ataque de celos, a punto que un día entró en mi oficina, enloquecido de rabia y empezó a gritarme:

¿Qué haces saliendo con ese hombre? ¿Acaso ya no me amas? Yo le respondí: Eso es importante para ti? Quería herirlo, quería hacerle sentir todo el dolor de su actitud hacia mí! *Necesito saber si estas enamorada de él!* Insistía Adrian; y yo, en lugar de aprovechar esa oportunidad que me estaba dando la vida para deshacerme de esa pesadilla, como una estúpida le grite:

No! No estoy enamorada de él! Pero pienso hacer todo lo posible para que eso ocurra! estoy decidida a casarme, para que te alejes definitivamente de mi vida!

En ese momento, el se desplomó, empezó a llorar, decía que me amaba, que estaba convencido de no poder vivir sin mí, que su vida no tenía sentido sin mi presencia! y yo le creía….y con un amor enfermizo, volvía con él.

Transcurrieron en esa relación los últimos 10 años de mi vida. No voy a negar que fuera en escasos momentos, feliz. Me sentí amada, en ocasiones, pero tuve que pagar un precio muy caro por esas migajas de amor que él me daba.

Renuncié a tener hijos, el jamás habría tenido hijos fuera del sagrado matrimonio; renuncié a su compañía en las navidades, tiempo de verano, fines de semana y en muchas otras fechas importantes del calendario.

Solo era mío, cuando viajábamos, lo que hacíamos con mucha frecuencia al principio de nuestra relación, cuando estábamos verdaderamente enamorados, o al menos eso creía yo. Relataba Alejandra con una sonrisa amarga. Vivía con la esperanza de que cuando sus hijos fueran grandes, seríamos el uno para el otro. Sin tener que esconder su mutuo amor, sin el temor de ser descubiertos.

¿Pensaste alguna vez lo que significaba quedarse sin tener hijos, preguntó Lorena?

Sí, claro que lo pensé, pero la verdad es que jamás me sentí muy maternal; siempre me pareció muy complicado eso de tener que parirlos, criarlos, tolerar las pataletas, las enfermedades, y todos los problemas que significa criar un hijo, especialmente cuando lo haces sola.

¡Qué pena saber qué piensas así! Dijo Lorena a su amiga. Es cierto todo eso que dices, es muy difícil criar hijos sola, si me lo dices a mí, que me abandonaron y tuve que hacerlo. Pero no hay amor más maravilloso en este mundo, que el que se llega a sentir por esos seres llamados hijos, es un amor que no se puede comparar ni equiparar a nada. Que nos impulsa a saltar todas las barreras, a vencer todas las dificultades y que es lo único que te reconcilia con lo dura que es la vida.

Sé que tienes razón dice Alejandra! Cuando llego a mi apartamento en las noches, daría cualquier cosa por oír la voz de un niño.

Entonces, le dice Lorena, si estás clara que él no es lo mejor para ti, ¿Qué haces involucrada en esa relación que te está destruyendo? Simplemente no lo puedo dejar! Lo amo demasiado, aunque siento que él se aleja de mí. Cada día que pasa se acerca más a su familia, y por eso sé que en cualquier momento me dejará, mientras tanto yo no puedo hacerlo!

Alejandra, le dijo su amiga: tú necesitas ayuda profesional urgente! Debes buscar la asesoría de algún consejero que te ayude a vencer esa dependencia emocional tan enfermiza. Tu eres una mujer inteligente! y debes entender que por el camino que vas, terminarás con una profunda depresión y las consecuencias de la depresión son graves para el organismo, sin olvidar las tendencias a la auto-destrucción que acompañan a esa enfermedad!

¿Es que no me escuchaste Lorena?, le respondía Alejandra con voz exaltada!! NO LO PUEDO DEJAR!!. Sé que esta relación es negativa, sé que si voy a un terapeuta me va a decir lo mismo que tu, y qué? ¿Crees que porque él o tú me lo digan, yo puedo cambiar mis sentimientos?

Lorena miró a su amiga con una profunda tristeza y solo acertó a decir: *sólo me resta rezar por ti, para que Dios se apiade y te guíe; y cuando llegue el triste momento en el cual te des cuenta, que lo que hiciste con tu vida no fue lo más acertado, tengas el valor de enfrentarlo y empezar de nuevo.*

Nunca es tarde, siempre se puede empezar a vivir de nuevo, juntando los pedacitos que quedan. Solo hay que tener el valor y acudir a la misericordia de Dios! Dicho esto, se levantó de la silla del parque donde estaban sentadas y dijo: *¡Qué pena tener que dejarte! Pero es que mi hijo sale del colegio en un rato y tengo que estar allí para recogerlo. Apóyate en Dios, ora y pídele ayuda; verás que eso te ayudará. Recuerda que hay alguien en este mundo que te quiere mucho y esa soy yo. Voy a estar rezando por ti.*

Besó a Alejandra en la mejilla y se alejó con el corazón roto por la tristeza de no haber podido ayudar a su querida amiga. Caminó hasta el colegio, inmersa en esos terribles pensamientos. Allí le estaba esperando en la puerta su hijo, con la mano levantada y una sonrisa de felicidad al verla, que hicieron se recuperará de esa enorme frustración y pena.

Alejandra mientras tanto, se quedó allí en el banco del parque, pensando en todo lo que había conversado con su amiga. Repasaba mentalmente la conversación y una y otra vez. Escuchaba la voz de su amiga diciéndole, "acércate a Dios, el es el único que puede ayudarte". Ella jamás había tenido fe y mucho menos había sido practicante de alguna religión. Por eso le parecía extraño, que justo esas palabras fueran las que más le retumbaran en la cabeza. Después de unas horas optó por irse a la oficina, adelantar algo de trabajo y así no pensar más.

Llegó a la oficina y trató de concentrarse en el trabajo, pero no lo podía conseguir. De repente se dio cuenta, de que ese trabajo, que la había apasionado tanto, que había sido lo más importante en su vida, además de su amor por Adrián, ahora le parecía aburrido y sin sentido. Empezó a sentir que no solo su vida emocional estaba en ruinas, también su vida profesional corría peligro, pues no conseguía interesarse por ningún caso jurídico. Decidió que sería mejor irse a dormir, con la seguridad de que al día siguiente, vería las cosas diferentes.

Al llegar a su apartamento, se dirigió inmediatamente a la habitación, y sin revisar los mensajes de la grabadora, ni tampoco los del celular, se acostó a dormir y cayó de inmediato en un profundo sueño. Durante la noche soñó que estaba en una granja, o algo parecido, vestida con ropas modestas, jugando con unos niños que jamás había visto antes en su vida, y lo que más le impresionó fue verse riendo, cantando y luciendo muy feliz. Despertó muy temprano, sintiéndose descansada y con mejor ánimo. Se duchó, tomo un delicioso desayuno y salió a la oficina.

Llegó un rato más tarde, saludando a todo el mundo, con una sonrisa y luciendo espléndida como hacía mucho tiempo nadie la había visto así. Sus compañeros comentaban lo bella y radiante que lucía ese día. Su secretaria le trajo algunos papeles y comentó: *¡Qué bien luce abogada!, se ve muy feliz el día de hoy; me alegra mucho verla así. No le voy a preguntar qué es lo que está haciendo,* *pero sea lo que sea, ¡no deje de hacerlo! Hacía mucho que no la veíamos feliz como hoy!"* y se retiró con los ojos llenos de lágrimas.

Alejandra se impresionó por la muestra de cariño que esa mujer le había manifestado, inmerecido por demás, pues ella nunca la había tenido en cuenta en la cotidianidad de la vida en esa oficina. Reflexionó acerca de lo aislada que se había mantenido del mundo que la rodeaba, sumida en su dolor.

Decidió revisar los mensajes de su celular y cayó en cuenta, que Adrián la había llamado varias veces dejando mensajes, pero decidió responderle más tarde. Comenzó su rutina de trabajo, hizo algunas anotaciones en los expedientes con desgano y terminó lo más rápido posible con ese asunto. Pensó que le parecía mejor idea irse a ver una película en la que estaba hace días interesada, y fue así como le dijo a su secretaria, que había terminado, se iría a almorzar y no volvería sino hasta el otro día.

Sin compañía en la sala de cine, de pronto se dio cuenta, que no tenía amigas, a todas las había perdido por su trabajo y por su problema amoroso. Recordó que no había llamado a Adrián más de un día, y la sorprendió el sentimiento de no desear escucharlo, pues se estaba sintiendo bien consigo misma. Jamás se había imaginado que podría llegar a sentirse bien sola.

Al salir del cine, manejó hasta la casa, se cambió de ropa y escuchó los mensajes en la grabadora. Allí también había mensajes del día anterior e incluso del día en curso donde Adrián con extrañeza le reclamaba su silencio. No deseaba llamarlo. Recordó a su amiga Lorena y se hizo el firme propósito de recuperar la libertad. Fue a la cama temprano luego de una frugal cena y tuvo otra vez un sueño reparador, durante el cual, volvió a tener las mismas visiones, una granja, unos niños y especialmente, ella feliz.

Se levantó muy descansada y luego de su rutina matutina se presentó temprano a su oficina. Su secretaria tan solícita y cariñosa, como siempre, le informó que el presidente del bufete había convocado a una reunión de todos los abogados de la firma, la cual se llevaría a cabo en horas del mediodía. Se dedicó a hacer su trabajo, atendió algunas llamadas y a la hora convenida fue al salón de reuniones para asistir a la convocatoria. Su llegada fue seguida como de costumbre por las miradas de admiración y respeto de todos los hombres y de una envidia hostil de parte de las compañeras. A esa actitud, ya estaba acostumbrada.

Luego del saludo de bienvenida, el presidente hizo el anuncio de que habían sido escogidos para llevar un caso muy importante en la Corte y quería nombrar a Alejandra como directora del equipo que trabajaría en ese caso. La sorpresa de todos fue inmensa cuando ella, luego de agradecer el nombramiento y la confianza que éste representaba, anunció que no estaba en disposición de ocuparse de ese trabajo ya que había tomado la decisión de alejarse del mismo por un tiempo prolongado, aproximadamente 1 año, en razón a que jamás había tomado vacaciones antes y las necesitaba. Nadie podía creer lo que estaban escuchando: Ella se iría del bufete por un tiempo prolongado. ¿A quién se le ocurre tomarse semejantes vacaciones en la mejor etapa profesional de su vida? ¿Acaso se volvió loca?

Alejandra misma no podía creer lo que había dicho. Estaba asombrada de las palabras que habían salido en forma espontánea:¡¡ jamás lo había ni pensado antes!!! ¿Qué está pasando conmigo? Pero a pesar de su propia sorpresa, lo único que hacía era sonreír y su sonrisa era absolutamente auténtica, pues le parecía genial la idea que se le acababa de ocurrir. Lo que más le divertía era la cara de incredulidad de todos sus compañeros de trabajo y la cara de furia contenida que pudo leer en Adrián. *Se dijo a sí misma, "ahora si debes aprovechar". "Ahora no puedes volver a cometer el error de creerle como hiciste la otra vez".* Ésta es tu oportunidad, se dijo así misma. Te alejas del trabajo y te alejas de él; y una vez lejos, luchas con todas tus fuerzas para vencer esa pasión que domina tu vida. No sabía de dónde salía esa voz, no entendía de donde venían esas ideas que jamás antes se le pasaron por la mente; pero que estaban claras en lo más profundo de su corazón. Intuía que estaba haciendo lo correcto. Terminó la junta y se dirigió a su oficina; inmediatamente el presidente del bufete se presentó en su oficina privada y le preguntó:

¿Te vas a otro bufete Alejandra? ¿Tienes una mejor oferta de trabajo? Ella le contesto: *no, en lo absoluto! No tengo intenciones de irme de este bufete.*

No crees, insistió él, que si piensas un poco, quizás reconsideres la oferta que te estoy haciendo, la cual implica un importante incremento en tus ingresos?

No, no tengo nada que pensar, solo quiero irme por una temporada larga, descansar porque me siento agotada y no estoy en condiciones de asumir una responsabilidad tan importante; es todo. Aspiro a que a mi regresar de esas largas vacaciones pueda seguir trabajando aquí. Espero no estar equivocada, ¿verdad?

Bueno Alejandra, dijo él con desilusión.

Si esa es tu última palabra, me tocará respetarla. Con respecto a tu pregunta, puedes estar segura de que aquí se te estará esperando para que asumas tu posición o quizás una posición mejor! Eres una gran profesional que has prestado un excelente servicio en este bufete; no quisiéramos perderte. Inmediatamente la abrazó, le deseo la mejor de las suertes en sus vacaciones y le pregunto: *¿Dónde vas a estar todo ese tiempo?* Ella le respondió, *no lo sé exactamente. Solo sé que mi viaje empezara en la India, y una vez allí, decidiré donde seguirá o terminará.* Una vez más se sorprendió! a ella no le gustaba la India ¿porqué había dicho que iría para allá?

Se estaba empezando a impacientar con esa voz interior que le estaba haciendo cada vez más terribles jugarretas.

Una vez que se despidieron, él desilusionado porque sabía la extrañarían durante ese tiempo; y ella entre sorprendida y feliz, Alejandra empezó a reflexionar acerca de los últimos acontecimientos que le habían ocurrido y en eso estaba cuando se abrió violentamente la puerta de su oficina y entró un descontrolado y enfurecido Adrián que le dijo de forma airada: *¿Cuál es el juego en que estas ahora?*

¿Pretendes que yo me ponga a llorar porque tú decides ignorar mis llamadas? ¿tuve que enterar en público que me vas a dejar para irte de mi lado por un año?

¿Piensas que con eso, me vas a obligar a que deje a mi esposa y a mis hijos para seguirte?

¡Estás loca si piensas que voy a hacer semejante locura!

Mientras Adrián hablaba y soltaba frases hirientes, ella permanecía en silencio, observando como el hombre que más había amado y por el cual había estado dispuesta hasta dar su propia vida, se convertía en una patética caricatura en frente a sus ojos. ¡Qué desilusión!. ¡Qué pena!

¿Cómo pude ser tan estúpida para no ver la realidad en todos estos años, si la tenía frente a mí?

Se preguntaba en silencio... él se enfurecía más y subía el tono de su voz, pues el silencio y la calma de ella lo estaban descontrolado.

Alejandra lo interrumpió suavemente y le dijo:

Adrián, te amé mucho, estaba dispuesta a darte mi vida si hubiera sido necesario, pero ya se terminó; finalmente me convencí que tú no me amaste jamás.

Ahora voy a rehacer mi vida, voy a alejarme de aquí, para poder recuperarme como si fuera una muñeca rota; pues así me siento. Tranquilízate, no es un juego, no tengo interés en manipularte, ni mucho menos de buscar la manera de arrebatarte de tu familia.

Quedas en libertad de arreglar tu relación con tu amada esposa, para que así estés a la altura de tus expectativas espirituales.

Yo no te quiero en mi vida, no más Adrián, tu amor me hizo mucho daño, así que hasta acá llego todo!

Por favor, cierra la puerta al salir. Olvídate de mis teléfonos, mi dirección y hasta de mi nombre.

La sorpresa de él no tenía nombre, estaba pálido, encorvado, envejecido, como si de repente le hubieran caído montones de años y frustraciones encima; no fue capaz de decir nada, simplemente bajo los ojos, se volteo y salió por la puerta sin decir nada!

Alejandra no podía creer lo que había hecho!

¿Cómo hice para decirle todas esas cosas? ¿De dónde me salieron? Si hace dos días yo decía que sin él me moriría, ¿Qué me está pasando?

Mayor fue su sorpresa porque se sentía feliz y liberada! Estaba segura de que lo decidido era lo mejor que había hecho! Solo que no entendía por qué extraña vía le había llegado la fuerza para tomar la decisión de hacerlo. Simplemente pensó en Lorena: Tengo que llamarla! Tengo que decirle lo que me está pasando!!Ella seguro se pondrá feliz! Debe ser la primera persona en saberlo.

Inmediatamente marcó en celular de su amiga, pero le dio la señal de estar apagado. Ella llamó a casa de su madre, donde ella vivía con su hijo José. Le contestó la mamá de Lorena. Luego de saludarla le preguntó por su amiga y la madre le dijo: *Bueno, Alejandra, está un poco mejor; solo con dolor después de la operación.*

Operación? ¿Cuál operación preguntó Alejandra?

La señora le contestó, *¿Es que tú no supiste de la enfermedad de ella y de su cirugía de ayer.*

¿Enfermedad? ¿Operación?

¿Cómo es posible todo esto? Yo estuve con ella hace solo unos días y no me dijo nada! ¿Qué es lo que tiene?

La señora se puso a llorar y le dijo: *"Así es mi hija; solo se ocupa de los demás. Me comentó que te vio tan triste por un problema que tenías, que no te quiso confesar que está muy enferma de un cáncer de útero.*

Alejandra sintió un nudo en la garganta y unas ganas de llorar que no podía casi reprimir, solo le dijo a la madre de su amiga:

Dígame dónde está ella, para ir a visitarla y usted no se preocupe, que yo me voy a hacer cargo de toda la parte económica a partir de ahora; a ella no le van a faltar los mejores médicos y las mejores medicinas.

Dios te lo pague Alejandra, nosotros somos muy pobres y carecemos de todo! Le respondió la señora ahogada por el llanto. Ya Dios me lo pagó por adelantado, pensó………. Alejandra.

Se fue de inmediato al Hospital donde encontró a su amiga en una cama, muy desmejorada. Cuando Lorena la vio, salto alegría, y le dijo:

Alejandra qué bueno que estás aquí, estuve pidiéndole mucho a Dios por ti. Alejandra empezó a llorar y le dijo a su amiga, -estando tu tan enferma-,

¿Cómo me tienes en tus oraciones? ¿Tan importante soy para ti que te olvidaste de ti misma?

Lorena le contestó, *no Alejandra, lo que ocurre es que lo mío no tiene remedio, solo me resta pedir que mi final sea pronto y sin dolor, en cambio lo tuyo si tiene solución, tu puedes salvarte y ahora. Sin que tú me digas nada, sé que estas en el camino de esa salvación que tanto pedí para tu vida.*

Alejandra no podía hablar, solo lloraba abrazada al frágil cuerpo de su pobre amiga! Así estuvo mucho tiempo, llorando las lágrimas que se habían negado a salir todos estos años! Cuando se recuperó le dijo a Lorena:-*Tú me ayudaste, ahora me toca a mí hacerlo-. Me voy a ocupar de que te vean los mejores médicos y de que te salven la vida. Tu hijo te necesita. ¿Lo olvidas?*

Gracias por tus intenciones, pero en mi caso no hay nada que puedas hacer. Pero sí te voy a pedir que ayudes a mi madre y que te hagas cargo de mi hijo! Él es un buen niño! Quizás hasta puedas ser su mamá!

Alejandra le contestó: *de eso no quiero hablar ahora, solo quiero que me digas el nombre de tu médico y el lugar donde lo puedo encontrar.*

Lorena le dio todos los datos. Alejandra se fue inmediatamente a hablar con el médico, quien la recibió con mucha cordialidad. Se mostró muy afectado por el caso de su amiga y le dijo: *"es muy triste ver a una mujer joven y con deseos de vivir para su hijo, muriendo por una enfermedad, que quizás con un buen control ginecológico se hubiera podido detener a tiempo."* Le confirmó que el caso de Lorena era terminal y que lo único que se podía hacer por ella es darle calmantes para el dolor y proveerle de esa manera una muerte piadosa; aseguró que no había absolutamente nada que la medicina pudiera hacer por su amiga, debido a lo avanzada y generalizada que estaba ya la enfermedad.

En vista de las circunstancias, se tomaron todas las previsiones para que Lorena pudiera pasar sus últimos días en su casa y morir en la compañía de sus seres queridos. Alejandra hizo todos los arreglos para que no le faltara nada, una cama clínica, las medicinas, una enfermera estaba todo el tiempo con su amiga, la mejor comida y la rodearon de un ambiente agradable.

Lorena se veía feliz, estaba totalmente preparada para su muerte, no lo sentía como un fin, más bien expresaba que para ella era el comienzo de una vida mejor. Solo la angustiaba su hijo, la pena que sentiría cuando ella no estuviera y sobre todo le preocupaba su futuro. No tenia sino a su madre, una pobre mujer mayor, enferma y sin preparación. Alejandra le juró que ella, se ocuparía de su hijo; que no le faltaría nada e iría a los mejores colegios porque ella se haría cargo de él.

Una vez que Lorena sintió que su familia estaba en buenas manos, se entregó a morir, pues no quería prolongar la agonía y sufrimiento de su pobre madre y querido hijo. A los pocos días, se fue de este mundo, no sin antes darle las gracias a Dios por haberle conseguido una madre a su hijo y ayuda a su madre, estaba segura de que Alejandra cumpliría su palabra.

Así fue en efecto. Alejandra le dio un digno entierro a su amiga, apoyó en todos los aspectos a su madre y al dulce José. Estuvo acompañándolos y dándoles su cariño. Se llegó a encariñar mucho con ese niño, quien a pesar de su dolor y situación de indefensión en que se encontraba, por la pérdida de su madre, mantenía esa mirada limpia y seguridad en sí mismo de que la vida le daría las herramientas que él necesitaba para salir adelante; se preocupaba mucho por su abuelita y hablaba como un adulto a pesar de solo tener 7 añitos.

Alejandra dispuso que el niño siguiera bajo el cuidado de la abuela y asistiendo al mismo colegio donde estudiaba, al menos el tiempo que ella estuviera ausente. Dejó suficiente dinero en una cuenta bancaria para que ni la abuela ni el niño tuvieran carencias; pasado un mes de la muerte de Lorena, y una vez que todos sus asuntos y los de la familia de su amiga quedaron arreglados, viajo hacia lo desconocido, pues si bien su boleto decía Nueva Delhi, a partir de allí, no tenía idea de que sería lo que haría, simplemente decidió que se dejaría llevar por los impulsos de su corazón.

Al llegar a la India, se fue hacia el sur y entro en un Ashram; lugar donde aprendió a través de la meditación y la oración, el verdadero sentido de la vida. Cuando llego a ese lugar, su impresión fue inmensa, era el lugar y el jardín donde ella se veía en sus sueños y donde era feliz! Luego de pasar por un largo período de introspección, de evaluación acerca de los que habían sido sus valores hasta ese momento, del inmenso egoísmo con el cual había transitado por la vida antes de llegar allí, entendió finalmente que debía darle un propósito; que había sido bendecida con muchas virtudes, belleza, inteligencia, talento y que hasta ese momento solo se había dedicado a autodestruirse y a vivir en el desamor.

Durante su estancia en ese sagrado lugar que duro 4 meses, se desprendió de tantas cosas inútiles que venía cargando sobre sus hombros, y salió limpia y fortalecida para enfrentar con otro enfoque lo que le faltaba por vivir.

Se dedicó a viajar por toda la India, empaparse de la pobreza y la humildad de ese pueblo. También viajó por Nepal y el Tíbet donde conoció la verdadera paz, aquella que viene de adentro, aquella que no tiene nada que ver con lo que nos rodea. Cuando se sintió lista para regresar, sencillamente tomo el primer avión que encontró y volvió a casa.

A su regreso, muchas cosas cambiarían, decidió llevarse a vivir a José y la abuela a su casa, para sentirse acompañada y ofrecerles una mejor calidad de vida. Se integraron y pasaron a formar parte de su vida con una enorme facilidad. Convivía en una maravillosa armonía con José, al cual disfrutaba por ser un niño dulce e inteligente, como el hijo que hubiera soñado tener. Hecho esto, se preparó para reintegrarse al trabajo, con una nueva visión de la vida; desde ese momento en adelante solo se haría cargo de casos en los cuales, pudiera defender a mujeres y niños que estuvieran siendo maltratados o abusados, sin importar, que fueran los menos publicitados y remunerados.

Se encontraba sumida en estos recuerdos...cuando de pronto, alguien golpeó la puerta de su oficina...ese llamado la hizo volver a su hermosa realidad... lejos de Adrián... lejos su vida al lado de él... Solo agradeció del pasado, la tierna sonrisa de su amiga Lorena evocada en la carita tierna de José, quien se encontraba de pie en la puerta de la oficina para invitarla al parque de diversiones.

Leydy,
una prostituta más........

Trata a todas las reinas como putas y a todas las putas como a reinas

Anthony Quinn

Actor

Así fue como Leydy terminó su martirio; salió de ese maltratado cuerpo y se sintió libre y feliz. El hombre nunca se pudo recuperar de la impresión de ver esa inmensa paz y alegría pintadas en la cara de esa mujer, que cuando él empezó a martirizar era el reflejo de la amargura y sufrimiento; y mucho menos, jamás logró entender que él había sido el instrumento de Dios para liberar esa alma que ya había pagado su cuota de dolor y que de ahora en adelante, sería feliz y gozaría de la paz que jamás tuvo en ese cuerpo.

Su muerte mística dentro de esta triste vulgaridad que fue su vida, sirvió de motivación para que el incrédulo psicópata reviviera el momento final de una prostituta más, que había subido a su Mercedes Benz. Como una película, su mente enferma proyectó las escenas finales de dos personajes, de ciencia ficción, ajenos a su humanidad y tuvo la fatal capacidad no solo de revivir sus últimos momentos viva en este planeta, sino que su cerebro enfermo le mostró el final de su triste existencia. La vio y la sintió nuevamente viniendo hacia él, visualizándola con su caminado contoneado, escuchando su voz diciéndole: "no todas las noches cae un tipazo guapo y con pinta de artista, pué".

Dentro de su psicosis llegó hasta percibir su sentimiento de incredulidad cuando el la llamó y ella se acercó coqueta, pero con reserva al carro; asomarse a la ventana del mismo y decirle:

-*"¿estás libre ricura?"*
-*"a tu completa disposición guapote"*
-*"entonces entra mamita, que lo vamos a pasar muy bien tu y yo!"*

A partir de ese momento... ya no era él... las imágenes recorrieron su cerebro como en una película en donde era espectador y protagonista:

Leydy abrió la portezuela del vehículo y una vez sentada, sintió de inmediato un inmenso frío que le recorrió la espina dorsal y pensó "no me gusta esto, mejor no me voy con este hombre". Sin embargo, al echar una mirada a su alrededor, el lujo, confort, y aspecto de gente decente del hombre que estaba al volante, además de la imperiosa necesidad de ganar algo de dinero, la hicieron desechar esa idea. El hombre mientras manejaba, le sonreía y la tocaba; su mano suave y perfumada le exploraban todo su cuerpo; ella se sentía incomoda y observó que empezaba a dirigirse a la autopista pero en sentido contrario al lugar, donde estaban los hoteles que acostumbraba a ir.

-*¿Dónde me estás llevando?*
-*El se sonríe y le dice: vamos a mi casa ricura.*
-*¿A tu casa? Pero eso no es lo que acostumbro a hacer; ¿Dónde vives? ¿Cómo hago para regresar del lugar de donde tú vives, a mi casa? No, yo como que mejor no me voy contigo a ninguna parte. Si quieres mis servicios, vamos a un hotel de la zona y mi tarifa son 250 BF.*
-*El solo sonríe y le contesta con mucha calma: no te preocupes muñeca, vas a pasarla muy bien en mi casa, te voy a pagar más de lo que tú estás cobrando y con respecto al regreso, yo mismo te devuelvo al lugar donde te recogí. ¿Qué te parece?*

Ella escuchaba sorprendida y pensaba, "demasiado bueno para ser verdad" pero la calidez de la voz del hombre, su seguridad al hablar y necesidad del dinero, la hicieron seguir en ese viaje hacia cuyo destino desconocía.

Llegaron a una hermosa mansión, ubicada en uno de los más exclusivos lugares de la ciudad, rodeada de una muralla alta, que la hacía absolutamente impenetrable desde el exterior; el hombre abrió la puerta con un control remoto y entraron a un jardín de ensueño; de inmediato se estacionó al lado de una piscina.

-Ella jamás había estado en una casa como esa; solo las había visto en revistas o en la televisión.

-No sabía que pensar..... ¿Me saqué la lotería? o más bien estoy metida en un problema del cual no tengo idea de cómo salir?

....pensaba mientras caminaba detrás de él, quien se dirigía al salón principal, lujosamente decorado. Había un silencio total en esa casa y en sus alrededores; la invitó a sentarse en un mullido sofá y le ofreció un trago, ella aceptó. Mientras que él servía los dos tragos la miraba con lasciva provocación. Luego se sentó a su lado a tomar tranquilamente y sin apuros su bebida. Momento que ella aprovecho para preguntarle:

-*¿Vives solo aquí?*
-*Él le dijo... sí.*
-*¿No te parece muy grande esta casa para una sola persona?, le increpó ella........*

El solo soltó a reír y empezó a jugar con su cabello y a tocar sus senos. Estuvieron en los preámbulos del amor, un rato en el sofá, y luego él dijo: "vamos a un lugar más cómodo" y la tomó de su mano para empezar a subir las escaleras a la parte alta de la casa. Cuando ella se levantó del sofá, se sintió muy mareada, y le pareció muy extraño ese mareo teniendo en cuenta que había tomado un solo trago. Pero él la sostuvo por cintura y llevándola hacia una habitación. Cuando llegaron al cuarto, ella prácticamente se desplomó en una inmensa cama, y fue en ese momento, cuando pensó, "creo que estoy drogada". Empezó a tener una imagen distorsionada de las cosas que ocurrían a su alrededor, comenzó a tener mucho miedo y trato de incorporarse y escapar de allí, pero el hombre no se lo permitió; hablándole con un tono de voz rudo, le dijo: *¿Dónde crees que vas puta? Si no empezaste a trabajar todavía!*

Leydy se quedó paralizada con el tono de voz y expresión amenazadora; así que decidió quedarse quieta y esperar a ver qué pasaba; el hombre se quitó la ropa hasta quedar desnudo, y de inmediato hizo lo mismo con ella; pero lo hizo con tanta violencia que le rompió sus prendas de vestir, y entonces ella le dijo:

-*Pero bueno, ¿Qué te pasa? ¿Acaso no ves que me estas rompiendo mi ropa?*

-El en tono violento le respondió: "*Cállate puta, aquí se hace solo lo que yo digo, así que tú en silencio y obedeces*". Acto seguido terminó de desnudarla, y cogiéndole la cara con rudeza le introdujo el pene en la boca y le dijo:

-*Chupa puta.*

-*Ella en su confusión, trataba de hacer lo que él quería, pero se sentía tan mal que no tenía fuerzas para defenderse!*

-*Él se molesto y le dijo: "acaso no sirves ni para mamar?*

Así que sintiéndose desesperada, empezó a llorar desconsoladamente.

Él le dio varios golpes en los costados y le gritó: *¡no llores! ¿Acaso no eres una puta? ¡Tienes que hacer tu trabajo!.*

Leydy no podía dejar de llorar. Estaba demasiado asustada y por efectos de la droga no podía moverse del lugar; solo a merced de la violencia, que crecía más en él, en la medida que ella no podía hacer nada para tranquilizarlo. El hombre no podía tener una erección, pues esa mujer le ofrecía más bien una imagen patética muy alejada de lo que él necesitaba para excitarse, y entonces le dijo:

¡Vamos a tener que usar mis jugueticos contigo para ver si así me diviertes! Inmediatamente le cogió las manos y las piernas y las amarró a las bases de la cama, con unas cuerdas. Ella mientras tanto estaba totalmente indefensa, desnuda y abierta, completamente a su disposición.

El hombre empezó a azotarla con un látigo y cada latigazo era una quemadura en su cuerpo que la enloquecía; quería correr, quería escapar, pero eso era imposible. Empezó a rezar, a pedirle a Dios que la protegiera, que la salvara, que le diera la fortaleza para soportar ese dolor tan inmenso que sentía cada vez que el hombre la golpeaba con el látigo. En vista de que ella dejó de gritar, enfurecido cambio el látigo por un cuchillo, con el cual empezó a hacer pequeños cortes en su cuerpo, buscando las zonas sensibles, los pechos, las piernas, la cara, el cuello y se excitaba cuando salían de la garganta de ella, los gritos de desesperación por el dolor y al mismo tiempo, los chorros de sangre que emanaban de las heridas manchando de rojo la sábana.

Fue así como finalmente el hombre logró tener una erección y procedió a penetrarla. Ella mientras tanto, se sentía aliviada, a pesar de estar con golpes y heridas en todo su cuerpo. Pensó "este es el fin de ésta pesadilla".... seguro que me va a soltar y me dejará ir! se lo repetía, así misma, tratando de creérselo, mientras oraba para que ese milagro ocurriera. Finalmente el hombre tuvo un violento orgasmo dentro de su cuerpo; pasado unos segundos se paró al lado de la cama y mirándola con asco y rabia le dijo:

"Eres el peor polvo que he tenido!!!! Eres una mierda!"

Ella empezó a llorar, y le suplicaba:¡ *déjame ir por favor! Si quieres no me pagues, no me lleves, solo suéltame y déjame ir, tengo 5 hijos que me necesitan!*

El empezó a reírse con una risa cruel y le dijo: *¿irte? Ja,ja,ja, ¿acaso crees que la cosa terminó ya?*
¡Ahora es que me tienes que hacer divertir!
Leydy no entendía nada. ¿Qué quería decir y hacer aquel hombre? Muy pronto entendió. El tomó un puñal y empezó a clavárselo primero, en aquellas zonas donde él sabía que no la mataría rápidamente; en las piernas, en los brazos; el dolor que le producía cada vez que ese afilado puñal mordía su carne, era indescriptible; pero fué más grande, cuando sintió finalmente que se estaba muriendo; que ella jamás saldría viva de esa cama y de esa casa; que estaba viviendo sus últimos minutos! y sus hijos quedarían solos!!!

Así que en ese momento elevó a Dios una oración tan sincera y entregada, que dejo de sentir dolor; le pidió para sus hijos clemencia y los puso en sus manos; una vez que sintió que eso estaba resuelto, empezó a sentir una paz tan inmensa que incluso empezó a sonreír.

El hombre no podía creer que ese cuerpo que había recibido tantas puñaladas, estuviera palpitando todavía y cuando vio una inmensa sonrisa de paz en ese rostro desfigurado por los golpes, cuchilladas y sangre, sintió una sensación de odio tan grande, que decidió de una vez por todas acabar con ese juego cruel. Así que, le dio la puñalada definitiva en el pecho y ese corazón finalmente se detuvo.

Inmerso en el lugar del crimen el psicópata quedó en su mundo enfermo, mientras que las sirenas de la policía llegaban al sitio para detenerlo. Había sido denunciado unas horas antes por una de las compañeras de Leydy, cuando lo identificó como el hombre que había recogido a otra mujer días antes, y ésta había sido encontrada muerta en un basurero.

El detective profundamente afectado por haber llegado tarde y de no haber podido evitar ese trágico final, una vez que apresaron al psicópata, se hizo la adecuada experticia del lugar, incluidas las fotos, tomas de muestras, huellas y objetos que serian usados en el juicio. Se vio precisado a abrir el expediente, y al hacerlo a pesar de ser un hombre duro por naturaleza, sintió una profunda tristeza por la sociedad en donde se movía. El era un policía más que vivía a diario historias como estas, aunque tenía que reconocer que esta era muy especial para él; pues la víctima había sido una mujer, que en una noche de farra no solo le entregó su cuerpo, sino que le contó con detalles la historia de su triste vida: así, que sin saber qué lo empujaba, qué extraña necesidad lo impulsaba a hacerlo, con manos apuradas sobre el teclado del computador comenzó a escribir:

"Leydy era una prostituta, como se dice comúnmente: una puta, con la típica historia de violencia familiar y abuso infantil; un embarazo prematuro y una seguidilla de hijos de diferentes padres, tenidos con la intención de "amarrar al hombre", como si "muchacho amarrara a hombre".

Cuando apareció en la vida del psicópata, ella estaba en la treintena y era una hermosa morena de muy buen parecer, a pesar del maltrato de haber parido 5 hijos. Un cabello negro azabache, una figura típica caribeña, con un trasero imponente. Las señales de las heridas del alma que había recibido hasta esa edad, eran notorias en el rictus amargo de la boca, que ella pintaba con el rojo chillón, su color preferido. Vestía con ropas baratas, muy ceñidas al cuerpo y escogidas para mostrar sus atributos, teniendo en mente: "mercancía que no se exhibe, no se vende mijito" ese era su lema a la hora de escoger el atuendo, especialmente aquel que usaba para salir a trabajar.

Vivía con sus hijos en una popular barriada de Caracas, donde con el esfuerzo y sudor de su frente, logró levantar un rancho modesto, pero equipado con lo necesario. Camas para los muchachos: Yuletsy de 12 años, Raimón de 10, Carlín de 8, Mikel de 5 y Sarimar de 2 añitos. Un televisor para que pudieran ver sus comiquitas y también la novela; un espacio con una mesa dónde comer y una pequeña cocina donde se hacían milagros para darles de comer a esos "tragones" que siempre tenían hambre. Leydy también trabajaba de día como vendedora de productos de casa en casa, hacia rifas, preparaba tortas por encargo y se buscaba la vida de cualquier manera como podía. El único hombre que la ayudaba era Rubén, el padre de su hija Sarimar, que cuando tenía trabajo, le traía alguna platica para que se sustentara dentro de lo posible; también su hermana Sandra, que estaba bien casada y su marido con empleo fijo; le daba ropita para los muchachos y comida de vez en cuando. De resto, estaba sola con sus muchachos contra el mundo, cada vez más cruel y difícil.

Es muy delicada la situación de una prostituta cuando llega a los 30 y pico, la mayoría de los clientes con billete, los viejos platudos, buscan son carajitas, y si son de menos de 20 mejor, así que cada día el mercado era más complicado para ella. Su chulo Jefferson la deshecho, la dejó de proteger, pues sus ingresos en vez de aumentar cada día eran más exiguos. Para poder subsistir se echaba a la calle sola, en aquellos lugares que, por experiencia, sabía que eran frecuentados por los clientes buscando diversión, y ella misma se ofrecía. Algunas noches, después de mucho esperar, regresaba a su rancho sin nada, pues cada día habían mas jovencitas en el mercado, tan jóvenes, que hasta a ella misma le causaba lástima. Pero "la necesidad tiene cara de perro" así que, por otro lado si bien las entendía, también sabía que cuando hay hambre, hay que buscarse la vida, y eso hay que hacerlo con los recursos que se tienen a mano.

Leydy no fue a la escuela, por eso insistía tanto con sus hijos, que lo hicieran para prepararse. Desafortunadamente, ya la mayor no quería ir, y empezó a hablar de trabajar con solo 12 años porque las necesidades eran muchas ¡¿Cómo culparla de querer salir a buscarse la vida? Eso le producía una inmensa tristeza, pues ella soñó siempre con poderle dar a sus hijos otra clase de vida! Pero las cosas no le salieron bien; no tuvo suerte de encontrarse con un buen hombre que la amara y respetara; solo se le acercaban vagos, chulos, drogadictos y rateros que apenas se daban cuenta que estaba preñada salían corriendo y nunca más los volvía a ver! La vida para una mujer sola ignorante y sin profesión en este país, es muy difícil.

Trató de buscar diferentes empleos, pero le pagaban una miseria que no alcanzaba ni para comer. Además, ¿Quién se ocupaba de sus hijos mientras ella trabajaba? Entonces, la única vía que encontró para medio darles de comer y procurarles un techo, fue ese "trabajo", que además era por la noche y al principio le permitía ganar muy buena plata. Así fue como logró acondicionar su rancho a sus muchachos. Por lo menos tenían donde dormir y una mesa para comer lo poco o mucho que pudiera ganar! Hay mucha gente en este barrio, que ni eso tiene, pensaba ella!

Todas las noches su rutina era la misma y esa noche no fue la excepción. Se alistaba para trabajar, luego de darles de comer a sus hijos y de dejar a la mayor encargada de la vigilancia de los hermanos menores, con toda una lista de instrucciones de seguridad que debía cumplir en su ausencia. Se arreglaba con buen ánimo, y ese día seguramente tuvo que haber puesto especial interés en vestirse bien seductora, "necesito plata, carajo" pensaba siempre mientras se maquillaba. "Diosito ayúdame, mándame algo bueno esta noche", recordaba el Inspector mientras escribía lo que un día no muy lejano ella le contó, que era su frase que le traía "suerte". Salió a la hora de costumbre, tomó el transporte que la llevaría a un lugar donde la clientela era generalmente de buena posición. Los hombres que la miraban pasar, la piropeaban: "mamita, tas mas buena que pan de piquito, estás para chuparte completica" y ella les respondía con una sonrisa agradecida.

Llegó al lugar donde quería ir, y se paró en una esquina a esperar al cliente, con una pose sexy, de medio lado, con la mano en la cintura y una sonrisa en la cara. Pasaron dos horas y nada; carros y más carros, como en vitrina. Los hombres la veían, pero seguían de largo. Estaba empezando a sentirse cansada y frustrada.... cuando apareció el buen mozote del Mercedes Benz.... solo se oía un eco en la distancia....

"Creo en Dios, como una fuente de energía Universal, que está en nosotros, con nosotros y también forma parte de nosotros".

Y.......... así fue que comenzó el final de su dura vida!"

Melisa la madre, esposa y ama de casa perfecta.

No está mal ser bella, lo que está mal es la obligación
de serlo.

Susan Sontag
(1933) Escritora estadounidense.

Marcos esta dentro del transporte que lo lleva a la cárcel, donde
cumplirá su condena. Desde la ventana del vehículo mira el paisaje
a su alrededor, y piensa ¿"Cuándo volveré a ver estos bosques,
árboles, pájaros? "Sin embargo no hay rabia, no hay tristeza en él,
solo una inmensa paz.

El juicio de Marcos fue demasiado duro para todos en el
pueblo y especialmente en el vecindario donde vivió con su familia.
Allí salió a relucir que su madre Melisa fue siempre brutalmente
abusada, golpeada y castigada por su marido Edmundo durante
años, y que finalmente, en los dos últimos, él había empezado a
abusar sexualmente de su hermana Dulce siendo todavía una niña,
sin que su madre tuviera voluntad para hacer ninguna oposición.
Los detalles de la vida que ese joven tuvo que explicar fueron de tal
dramatismo, que nadie en la Corte podía dejar de sentir compasión
y en cierta manera solidaridad con él. Relató las veces que trató
de hablar con su padre, quien solo le respondía con agresiones;
los intentos de convencer a su madre de que se escaparan; su
rabia contenida al ver cómo su padre le desgraciaba la vida a su
hermana sin poder hacer nada, pues su misma madre le decía que si
denunciaba a su padre, ella lo negaría todo. Su intervención cuando
su madre trato de suicidarse, y la golpiza de su padre cuando se

atrevió a reclamarle, que por su causa ella solo quería morir, así como la paliza que recibió Melisa cuando volvió a la casa luego de su intento de suicidio.

A la pregunta que le hizo el juez de si se declaraba culpable, el respondió: *Si señor Juez soy culpable, especialmente porque debí haberlo hecho mucho antes, al menos antes de que mi hermana sufriera las vejaciones que fue víctima; así que, pueden hacer lo que quieran conmigo. Pero ellos eran dos monstruos, y solo merecían morir. En ese momento Marcos tenía 14 años y ya su vida estaría para siempre marcada con el dolor y la culpa!*

Melisa tuvo siempre la misma imagen de fragilidad, desde que nos conocimos, cuando ella tenía poco tiempo de casada con Edmundo y coincidimos como vecinas en el mismo vecindario. Entonces éramos las dos muy jóvenes, yo tenía entonces 25 años y ella 22; yo estaba casada hacia 3 años y ya tenía a mi primer hijo.

Cuando se mudaron, a una casa ubicada en la misma calle de nuestro vecindario, de inmediato sentí al verla mucha simpatía hacia ella, su aspecto frágil, su mirada triste y lo etéreo de su aspecto me impactaron siempre. Era una muchacha muy bella, rubia, de ojos azules, muy delgada, de andar ligero pero muy suave, tan suave que cuando se acercaba a las personas nadie notaba su presencia, hasta cuando pronunciaba muy cerca, una palabra de saludo cordial. Callada, ensimismada, siempre en su propio mundo. Ponía una barrera invisible entre ella y los demás, pero no era una barrera de "no quiero ser tu amiga", al revés, era la mejor de las amigas, siempre solícita, pendiente de ayudar al que lo necesitara, activa en la iglesia, e involucrada en voluntariado. Esa barrera estaba destinada a proteger su intimidad, y la mantuvo durante todos los años que fuimos amigas, hasta el final. Su marido era un ejecutivo de banco, un hombre de aspecto muy confiable, responsable y aparentemente muy amoroso con ella. Lucían como una pareja normal. No muy sociables, por lo tanto raramente visitados. Especialmente Edmundo, quien no era simpático ni conversador; se limitaba a ser educado y cortés, sin permitir mayores intromisiones en sus vidas.

Al año de casados, ella se embarazó y tuvo un hermoso varón, que iluminó sus vidas, pues ambos estaban felices con esa hermosa criatura. El niño creció sano y al poco tiempo correteaba por el vecindario haciéndose amigo de todos los niños de las casas que lo rodeaban. Eso permitió que Melisa se integrara mejor y empezará a hacer amigas entre sus vecinas y a compartir más tiempo con otras mujeres, hasta ese momento, solo se había relacionado conmigo y de manera esporádica, pues yo estaba criando a mi primer hijo, y preñada del segundo; además de mis obligaciones de la casa y escuela de Enfermería a la cual estaba asistiendo, para terminar los últimos créditos para graduarme de enfermera profesional, el sueño de mi vida.

Melisa se volvió a embarazar y a los 2 años de nacido su hijo Marcos, nació su hija Dulce que era su orgullo, era una bebé hermosa, que parecía un ángel e irradiaba una increíble luz, como si no fuera de este mundo. Edmundo enfrascado en su trabajo, seguía progresando y al poco tiempo de haber nacido su hija, ya ocupaba el cargo de Gerente del banco.

Sus vidas aparentemente, transcurrían sin sobresaltos, con los hijos creciendo y celebrando cumpleaños, navidades y otras fiestas. Yo también veía crecer a mis dos hijos mientras me desempeñaba como enfermera en el hospital de la ciudad. La verdad no tenía mucho tiempo para hacer vida social, pero de vez en cuando, nos encontrábamos los fines de semana en alguna competencia deportiva o actividad social. Entonces Melisa y yo como mejores amigas, no parábamos de hablar. Siempre teníamos tema sobre los maridos, los hijos, la escuela, la casa de vivencias en común. Agotados estos, empezaba yo con mis cosas del trabajo y de la familia, mis problemas existenciales, y entonces era cuando Melisa solo escuchaba, jamás la escuche quejarse de nada, todo era bueno en su vida, el trabajo del marido muy bien y los hijos creciendo sin problemas, ella parecía no tener vida propia, parecía no existir, parecía no desear; a veces me daba la extraña impresión de estar en presencia de una muñeca de cera, de un ser irreal, jamás la vi alegre ni triste, jamás la vi alterada o conmovida ante ningún hecho o situación. En la casa de Melisa nada pasaba nunca, a diferencia de las otras casas del barrio, donde habían peleas entre las parejas, separaciones y reconciliaciones, peleas entre hermanos, problemas con familiares, en fin ocurrían hechos cotidianos, mientras que en la casa de Melisa y Edmundo solo había silencio y orden. Tenían la casa más bella del barrio, exquisitamente decorada, y la apariencia de familia perfecta. Casi que eran motivo de envidia! Pues mientras en las otras casas ocurrían los problemas usuales con las parejas y los hijos, en casa de ellos todo se veía sobre ruedas. Los niños en el colegio, Melisa en su casa limpiando sin parar hasta sacarle brillo a lo que ya brillaba, cocinando deliciosos platillos para su familia, galletas para regalar a los niños del colegio y para llevarla a los ancianos del Geriátrico donde era voluntaria dos veces por semana y siempre tan arregladita, peinada y vestida como una muñeca. Edmundo cada vez más próspero y ascendiendo dentro del Banco, con sus carros nuevos, sus trajes impecables y sus camisas recién planchadas.

Las mujeres del barrio, a veces en broma decíamos que eran "la pareja comiquita" pues no se veían reales, parecían estar siempre representando una obra de teatro o quizás, como decía una de ellas, "son extraterrestres". Es más decía otra, estoy segura de que "si los pinchas no les sale sangre". Nos reíamos y envidiábamos sanamente tanta perfección, que contrastaba en forma chocante con el caos de nuestras vidas, con las casas sucias, el montón de ropa que lavar, las tareas de los hijos, los problemas de ellos en la escuela o con los amigos, y para completar las peleas con los marido, que eran asunto de nunca acabar.

Los hijos de Melisa y Edmundo, en la medida que crecían, se empezaron a parecer más a sus padres, pocos amigos y tiempo para compartir con los demás. Se fueron transformando en seres silenciosos y callados. Eso era especialmente notorio en el hijo mayor Marcos, quien pasó de ser un niño alegre, social, y abierto, cuando empezó la adolescencia, para transformarse en un muchacho muy solitario, solo dedicado a la música y a estudiar. Dulce, en cambio, nunca fue una niña abierta, siempre se le conoció como una niña solitaria y callada. Muy protegida por su madre, que jamás le permitió tener demasiado contacto con las demás niñas del vecindario. Cuando empezó a ir al colegio, mantuvo siempre la misma actitud de la madre. Amable pero no amigable, simpática pero distante, excelente estudiante, obediente y muy creativa, tenía una destreza para dibujar que la hizo ganar varios premios en exposiciones de arte.

Cuál no sería mi sorpresa cuando un día en la mañana, empezando mi turno de trabajo en la emergencia, encuentro entre mis pacientes a una señora que resultó ser Melisa, quien intentó suicidarse tomando un montón de pastillas, con la suerte de que su hijo se dio cuenta y llamó a tiempo al 911, y le pudo salvar la vida a su madre. Casi me desmayo! Eso era algo inaceptable para mí! Mi amiga, la siempre controlada y sonriente ¿trató de quitarse la vida?

Cuando me acerque a su cama y le hable, ella inmediatamente me reconoció y empezó a llorar, entre sollozos decía: *"Fue un accidente, yo no me quería envenenar!"* Todos los que estábamos a su alrededor, médicos y enfermeras, la mirábamos con extrañeza y en cierto modo con piedad?¿ Por qué miente? ¿Qué es lo que trata de ocultar esta mujer? Yo me senté varias veces, a su lado y le decía:

"Melisa, ¿Dime qué es lo que te ocurre? Necesitas confiar en alguien! Yo soy tu amiga de todos estos años! Te quiero ayudar!!."

Ella lo único que me respondía era que había sido un accidente. Que ella no tenía ningún problema ni razones para querer morir!

Por supuesto nadie le creía. Su caso fue enviado al Departamento Social, y ellos realizaron una investigación que reveló que en esa familia no había ningún problema que ameritara la intervención. En vista de eso, se dio de alta a Melisa que volvió a su casa, y siguió llevando la misma vida, solo que ahora era más esquiva y callada. No compartía con nadie, ya no hacia voluntariado y casi no se le veía salir de la casa. Parecía una sombra, actuaba como una autómata en las actividades diarias, como ir al supermercado, al banco o cualquier otra diligencia que requiriera su salida de casa. Nunca más nos volvimos a juntar para conversar después de eso y si bien es cierto que yo jamás le conté a nadie lo que había ocurrido con ella, las vecinas notaban el evidente cambio de actitud y alguna llego hasta a decir: "me parece que en esa casa, pasa algo raro". Nadie se explicaba que, pero para todos era evidente que "la familia perfecta" se había transformado en una "familia patética", incluyendo a los dos hijos, los cuales ya eran adolescentes y lucían cada día más desadaptados y extraños cuando los comparabas con los demás jóvenes del vecindario y del colegio.

La tragedia ocurrió un día cualquiera, a media noche se sintieron unas detonaciones y unos gritos que provenían de la casa de Melisa y Edmundo; llegó la policía y se llevaron a Marcos detenido. Supimos que el muchacho había matado a sus padres a balazos. La niña Dulce fue llevada al hospital y alojada en el Departamento de Psiquiatría en un estado de Catalepsia absoluta en el cual permaneció durante meses. Pasado el tiempo, tuvo que ser hospitalizada en un Centro de Rehabilitación Psicológica en el cual debe estar al menos hasta la mayoría de edad.

María es HIV positiva

La mujer es un manjar digno de los dioses, cuando no
lo guisa el diablo.

Shakespeare

Un día de Mayo del año 1999, María recibió una llamada telefónica
de su esposo, quien se encontraba en Guadalajara donde pasaba
varios meses debido a su trabajo.

*"Recuerda entre las brumas de la distancia: Mi esposo era
diseñador de calzado en Guadalajara, donde trabajaba en forma
asociada con otra persona y allá pasaba meses solo, ¡imagínese!
Cuando comenzó a sentirse mal me dijo una vez, que a lo mejor tenía
diabetes por mi culpa, porque era su costumbre culparme de todo.
Pero esa llamada fue diferente, estaba llorando y me decía que se
había hecho los exámenes del SIDA y resulto positivo, que me hiciera
unos yo y también al niño, que tenía en ese entonces 2 años."*

*Mi hijo, salió negativo desde un principio y ha estado saliendo
negativo en exámenes posteriores. Está sano gracias a Dios* –guarda
un silencio momentáneo para ahogar el llanto que amenazaba con
traicionarla y poder continuar-. *Yo salí positiva, en el primer examen.
Posteriormente, me hice tres exámenes de Ellisa y todos salieron
igual.*

Lo peor es que en el mismo momento en que se enteró que estaba
infectada, también supo que estaba preñada. Durante el embarazo,
a pesar de que los médicos dijeron que el bebé no podía contraer
el virus, se pudo comprobar que este estaba infectado también. Su
pobre bebé, desde que nació siempre enfermo, hasta que finalmente
a los 18 meses murió de meningitis; víctima de la infección con que
nació, trasmitida por su madre, quien ignoraba que la tenía.

María a pesar de ser sero positivo, se mantuvo libre de síntomas por unos tres años; sin embargo, el hecho de saber que en cualquier momento la enfermedad se haría presente y acabaría con su vida, no le permitía vivir en paz. No quiso volver a ver a su esposo. Los 18 meses que su bebé estuvo con ella y su posterior muerte junto con el hecho de haber tenido que vivir todo eso sola, habían convertido a aquella mujer, otrora sencilla, abierta y siempre sonriente, en alguien encerrada en sí misma y acosada por los miedos. Un hecho que la angustiaba mucho era la posibilidad de que su hijo, que se mantenía sero negativo, pudiera de alguna manera infectarse; lo que le obligaba a tomar todas las medidas que consideraba necesarias para evitar contagiarlo sin querer.

"*¡No, no, no, no!, cuenta ella, vivir así es una cosa espantosa, no duermes, no comes, peor que la muerte creo.*"

En una Navidad, María recibió otra sacudida en su vida. "*Comencé a sentirme mal y en unas semanas bajé 20 kilos, llegando a tener un peso de 42. La impresión fue horrible relataba, pero gracias a Dios no he perdido a mis amistades quienes junto a los compañeros de trabajo se unieron para demostrarme su apoyo moral y económico*".

Con 20 kilos menos de su peso normal, y casi cuarenta años de edad y su pequeño hijo de ocho; María cuenta parte de su historia y la pelea por la vida que ha enfrentado desde entonces contra el VIH-SIDA -Virus de Inmunodeficiencia Humana-, pues en varias ocasiones ha estado a punto de morir de neumonía en el Hospital, por la falta de defensas en su organismo.

De frágil condición física debido a los estragos de la enfermedad, pero con un espíritu de lucha indomable, por su fe en Dios –dice-. "*Yo me consideraba una mujer sexi, solía ser muy coqueta, segura de mi misma y de la buena impresión que causaba con mi presencia; pero ya no soy ni la sombra de lo que era, cambié por completo, soy otra por dentro y por fuera, pero para bien, porque busqué a Dios*". Ahora lo conocí y me ha servido mucho el encuentro con ÉL.

"*De pronto uno pierde todo o siente perderlo todo. Pierdes trabajo, salud, familia, dinero, amigos, todo se pierde y lo que tienes*" *lo vendes, porque te dicen que allá está un médico que cura el SIDA y te aferras a todo y vas y gastas todo tu dinero, pero no es cierto. Nadie cura el SIDA, nadie más que Dios".*

"Mis amigas me invitan a salir, pero tengo que cuidarme mucho, aunque a veces sí voy a comer, pero a los lugares nocturnos ya no voy. No por falta de ánimo, sino porque me hace daño desvelarme, tomar alcohol o algo frío".

Gracias al Programa del SIDA de las Naciones Unidas, de quienes María recibió y recibe ayuda, no solo le dan las drogas para contrarrestar los efectos del virus, que ella no podría pagar, para seguir con vida, sino que también la estimularon a formar una red para ayudar a otros en su país. María se entrenó como consejera, hizo contacto con otra gente **VIH+** y visitó centros de salud y hospitales para ayudar a los diagnosticados. Ellos ahora tienen una red de personas que viven con **VIH** a quienes brinda apoyo, ayuda y consejería. Esta amarga experiencia la hizo comprender que la vida va de la mano con la muerte; y que está latente en ella la sensación de pérdida. Vivir cada día es un regalo, como aceptar que a pesar de su juventud, la muerte es un proceso natural.

También gracias a este programa, al apoyo que recibió por parte de las terapeutas y sobre todo a la fuerza que le dio su fe en Dios, finalmente logró perdonar al que fue su esposo y culpable de su enfermedad, tanto que lo asistió y ayudó a morir. *"El perdón te libera, te quita las cadenas y el tormento en el que vives. Hay que aprender a perdonar para vivir tranquilo".* Dice María con mucha *valentía*

"He batallado mucho, no es fácil cargar con esta enfermedad, cada día que uno se levanta tiene que luchar con eso. Gracias a Dios no estoy sola, tengo al Todopoderoso y sé que me levanto con la fuerza que Él me da."

"Me acabo de hacer unos estudios y dicen que no tengo defensas, las células que pelean con el virus están ausentes de mi sangre, pero aquí estoy todavía, por algo el Señor me tiene viva, varias veces me he puesto mal de neumonía, entonces este tiempo frío para mí es la muerte, yo necesito tener un ambiente calientito porque de lo contrario

me da tos, catarro y enfermo. En ocasiones hasta los médicos dicen que ya no salgo del hospital viva, pero hasta ahora he salido (sonríe al comentarlo) porque Dios tiene un propósito para mi vida".

Una tarde de otoño María le dijo a su hijo que debía ser fuerte y que cuando ella faltara no llorara. Que ella había vivido de pié y no quería morir arrodillada; que en caso de que la enfermedad la llevara hasta una muerte cerebral, tenía derecho a morir cuando lo deseara y llegado ese momento pedía que la respetarán en su decisión y no la considerarán cobarde por ello. No quería ser una carga para nadie, no quería hacer sufrir a los que amaba más de la cuenta.

Ella afirma, que en dos ocasiones vio un ángel en el hospital, cuando estaba enferma. Cuando lo vio por primera vez, creyó que era un enfermero; no me hablaba, *"sólo me miraba con una mirada muy tierna y se fue... desapareció. Increíble pero así fue".*

Buscaba la plenitud cada momento que la vida se los permitía y sacaba fuerzas para cuando la enfermedad le trajera dolor e impotencia. Cada día que pasaba se convertía en un ejemplo de lucha y templanza. Llevaba de forma independiente su enfermedad, vivía con dignidad, alegría y con más fortaleza que nunca. Ella regalaba a su entorno y a su hijo la mejor lección de vida.

En esa actitud de paz, entrega a Dios y ayuda a los demás, dejo María este mundo a la edad de 39 años, luego de haber batallado con la enfermedad durante 8 años; pudo dejar a su hijo a cargo de su familia ya lo suficientemente grande para poder seguir con su vida, y libre de la enfermedad, lo cual era para ella la principal alegría en sus últimos días. Gracias a su disposición de ayudar y dar lo mejor de sí misma, no murió sola, había mucha gente a su alrededor, acompañándola y deseándole un feliz viaje, todos la recordarían cómo disfrutaba y gozaba cada despertar, su valentía y la mejor cara ante la vida.

Ella se sintió en todo momento amada y respetada a pesar de estar muriendo de una de las enfermedades que más prejuicios generan en la sociedad actual. María se llevó la satisfacción, no solo de que su hijo permaneciera sano, sino que le dejó el mejor ejemplo: su coraje para enfrentar la enfermedad, el amor que derramó a manos llenas a todos los enfermos de Sida que ayudó, y con la dignidad que enfrentó su vida y su muerte.

Alicia
lavaba dinero del narcotráfico.

"Si usted quiere saber lo que una mujer dice realmente, mírela, no la escuche."

Oscar Wilde

De estatura media, apenas morena, sus grandes pechos sugerían un cuerpo impetuoso. Desde su cintura, las líneas de Alicia correspondían a la imagen de una mujer en plenitud. La señora le gustaba calzar sandalias, y pintarse las uñas de los pies de color rojo. "Alicia ha vivido como ha querido y ha padecido como nunca hubiera imaginado". En los extremos ha tocado la riqueza y la muerte. Ahora habita en la cárcel. Soez el concreto negruzco de los muros que cancelan el exterior; soez el lenguaje; soez su estridencia; soez la locura que ronda; soez el futuro como una interrogación dramática…"

El amor de su vida, que también pertenecía al mismo ambiente, murió hace muchos años. Ella vivió, gozó y sufrió al lado del hombre que amó. *Entre Joaquín y yo había mucha identificación, porque yo estaba en el mismo lugar, la cárcel. O sea, aparte de ser mujer, yo estaba viviendo lo mismo que él. Yo sé qué es caminar de lado a lado en una celda. Yo sé de este esperar despierta; yo sé de este insomnio, yo sé de este fumarte, y con su encendido, querer quemarte el sexo, quererte quemar las manos, la boca, fumarte el alma, fumarte el tiempo. Yo sé lo que estos rincones hablan, lo sé. Y él sabía que yo lo sabía. En pocas oportunidades que nos permitían estar juntos, no tuvimos ni relaciones, pero él quería sentirme cerca. Él me quería desnuda, sentirme en su cuerpo. No teníamos sexo, pero estábamos juntos. Y yo lo entendía y sabía que tenía ganas de llorar. Sabía que estaba hasta la madre de esta cárcel, a pesar de que tuviera lo que tuviera. Sabía que si escapaba estaba expuesto a que lo mataran. Él sabía que en éste negocio se está expuesto a perder a toda la familia…"*

A lo largo de sus 44 años ha escuchado ráfagas de metralleta que no logra acallar en los oídos; escapado de la muerte porque no le tocaba morir, galopado en caballos purasangre y llevado de la rienda ejemplares de estampa imperial; ha jugado con pulseras y collares de oro macizo; fascinado con el esplendor de los brillantes y el diseño surrealista de piedras inigualables. De niña fue entrenada al tiro al blanco, ha manejado armas cortas y armas largas, disfrutado de las carreras de caballos, las apuestas concertadas al puro grito sin que importe ganar o perder; también ha participado en robos de automóviles al riesgo que fuera y bailado días completos con pareja o sin pareja. Absolutamente femenina, sin embargo pensaba que le habría gustado ser "hombre".

Alicia no era narcotraficante; lavaba el dinero del narcotráfico. No consideraba que había vivido distinto a otras familias. La diferencia radicaba en que ella nació en ese ambiente; tenía pocas opciones de ser algo diferente. Su familia se dedica a eso. Así nació, vivió y a eso estaba acostumbrada. Creció en ese mundo y conoció a casi todos los personajes emblemáticos, pero no alcanzó niveles de liderazgo en ningún cártel. Eso no quiere decir que no haya estado involucrada en lavado de dinero, una actividad paralela a cualquier modalidad del "crimen organizado".

Otra noche de lluvia…piensa Alicia en su celda… pero esta no me mantiene despierta por alguna tristeza inesperada, sino por una paz y un sentimiento de calma al que, de a poco me voy acostumbrando. Es que cuando paran las tormentas, esa especie de tranquilidad va aumentando con las horas y los días. Asombran cuando no se está muy acostumbrado, ¿verdad?

Hoy solo quisiera poder escuchar un poco de música junto con el repique de las gotas de lluvia contra las rejas de la ventana… disfrutar de esta calma, de esta nueva etapa… de una visión diferente de la vida, de esta paz tan buscada, tan soñada… y finalmente encontrada y sentida… amén…

Amina,
la mujer que se salvó de la lapidación

Sólo los cobardes son valientes con sus mujeres.

José Hernández
(1834-1886) Poeta argentino.

Lectores…. ¿Recuerdan a Amina, la mujer que hace alrededor unos años conmovió y movilizó a millones de personas en una campaña internacional sin precedentes, cuyo resultado fue el que se evitara su muerte mediante la pena de lapidación (enterramiento hasta las axilas y apedreamiento hasta morir) que es dada por adulterio? prevista por el sistema jurídico, basado en una interpretación ortodoxa del Corán Vigente en 12 de los 18 Estados del norte de Nigeria. Vive hoy por esas crueles circunstancias de la vida, débil, enferma y en la miseria más terrible, sin tener ni siquiera, la posibilidad de alimentar a sus hijas.

Amina la menor de 13 hermanos, se casó por primera vez a los 14. De ese matrimonio de 12 años nacieron dos hijos. Se divorció y volvió a casarse, aunque por poco tiempo: *"-Estuvimos casados diez meses, porque yo sufría hemorragias y él no quería pagar mis medicamentos-"*, les contó a los periodistas que seguían el juicio. Después de ese segundo divorcio vino la pesadilla: Yahaya Mohamed, sobrino lejano de su segundo marido comenzó a cortejarla. El noviazgo duró once meses. *"Cuando fue evidente que su familia no lo dejaría casarse conmigo, me sedujo y mantuvimos relaciones sexuales dos veces"; "eso fue todo"*, contó incrédula. Cuando se enteró del embarazo, el padrastro de Amina fue a quejarse al jefe del pueblo. El seductor aceptó su responsabilidad y prometió mantener a la bebita, llamada Wasila. Muy poco después incumplió su promesa y Amina fue arrestada. El mismo juez que la condenó a muerte, exoneró a su amante. La Corte de Apelaciones de Katsina invalidó ese dictamen y otro, que en segunda instancia lo había confirmado. El fallo fue interpretado como el resultado de la impresionante campaña internacional a la que se sumaron millones de firmas a los pedidos de celebridades. El revuelo hizo que el mismo presidente de Nigeria, Olusegun Obasanjo, cristiano nacido en el sur, anunciara la suspensión de las lapidaciones. Con su bebita Wasila siempre en sus brazos, y dando muestras de un estoicismo fuera de lo común, Amina se convirtió en el ícono de la lucha por los derechos de las mujeres, sobre todo de las pobres. A los 34 años, Amina no parecía poder despertar de la pesadilla *"Cuando me dejaron libre volví a Kurami, dijo; todos me recibieron muy bien en esta aldea. Es mi casa. Me buscaron un marido pero no me gustaba. Me casé y tuve otra niña, Mariam, a la que amamanté por mucho tiempo. Mi marido me abandonó a los seis meses de casados y quedé sola otra vez"*.

Esta parte de su vida, tiene sus particularidades. Después de ser absuelta y mientras todavía residía en Katsina, ciudad donde fue juzgada, la asociación encargada de su defensa le organizó un "casting" de maridos. El hecho es curioso e inusual incluso en Nigeria, donde la mayoría de los matrimonios son concertados, pero mediante métodos más convencionales. En este caso WRAPA (Avance y Protección Alternativa para los Derechos de la Mujer, según sus siglas en inglés) llamó a un concurso público y luego se dedicó a entrevistar a los candidatos que aparecieron. Hoy, las integrantes de WRAPA reconocen que la iniciativa fue un error, pero alegan que sólo buscaban la estabilidad económica de Amina. Tras mucho buscar, la casaron con un hombre que vivía en Abuya (la capital de Nigeria) y que, si bien ya tenía una mujer, estaba dispuesto a hacerse cargo de ella.

El fracaso de ese matrimonio expuso la tragedia de su biografía así como la de tantas otras. Hoy, abandonada, pobre y enferma, Amina no tiene ni siquiera libertad de recorrer la distancia mínima de su aldea. Ninguna mujer puede andar sin el permiso de su marido y el acompañamiento de un hombre de confianza. Cuando finalmente lo hacen, deben vestir una túnica que no deja ver sus caras. La cara extrañamente serena de la que no logra despertar de un mal sueño.

Cuando hablamos de la cultura de los pueblos que se rigen por las reglas del Islam, debemos aclarar que existen diferentes niveles de evolución social, que van a depender mucho del país y del tipo de gobierno existente. Sin embargo, en general la libertad, ya sea religiosa, política, o sexual está lejos de ser un Derecho Fundamental en la mayoría de estas sociedades. Las desigualdades sociales mantienen a las mujeres oprimidas y esclavizadas; a los pobres sin alimentos ni derechos, y las "castas" superiores siempre venciendo.

Analizando profundamente la vida actual de la mujer musulmana, dentro de sus países, hay que decir que, la mayoría de ellas, siguen obligadas a llevar una vida de total esclavitud y sumisión, esto se es causa en muchas de ellas de un enorme sufrimiento. Son tratadas peor que a sus animales, viven encarceladas entre las cuatro paredes de sus hogares. Las mujeres no tienen la menor importancia ante los ojos de sus hombres, menos cuando están ocupadas en la procreación, satisfaciendo los deseos sexuales de los varones o haciéndose cargo del pesado trabajo doméstico diario.

Estas son algunas de las restricciones y maltratos contra las mujeres:

- Completa prohibición del trabajo femenino fuera de sus hogares, que igualmente se aplica a profesoras, ingenieras y demás profesionales. Sólo unas pocas médicas y enfermeras tienen permitido trabajar en algunos hospitales. Aunque existen otras posibilidades de trabajo para las mujeres en la fabricación de colchas, labores de costura, lavado de ropa y enseñanza del Corán.
- Completa prohibición de cualquier tipo de actividad de las mujeres fuera de casa, sino son acompañadas de su mahram (pariente cercano masculino como padre, hermano

o marido). El desacato de esta norma, las expone al castigo de azotes, palizas y abusos verbales. Tampoco pueden sentarse en el asiento delantero de los vehículos ni tomar taxis sin la compañía de un pariente.

- Prohibición a las mujeres de cerrar tratos con comerciantes masculinos.
- Prohibición a las mujeres de estudiar en escuelas, universidades o cualquier otra institución educativa.
- Requerimiento de llevar un largo velo (burka), que las cubre de la cabeza a los pies y si esta regla es contradicha, es sometida también a azotes, palizas y abusos verbales porque son normas del talibán. Un ejemplo: si no ocultan su tobillo será un motivo de castigo.
- Lapidación pública contra las mujeres acusadas de mantener relaciones sexuales fuera del matrimonio (un gran número de amantes son lapidados hasta la muerte bajo esta regla).
- Prohibición del uso de cosméticos (a muchas mujeres con las uñas pintadas les han sido amputados los dedos), de hablar o estrechar las manos a varones que no sean mahram, de reír en voz alta (ningún extraño debe oír la voz de una mujer).
- Prohibición a las mujeres de llevar zapatos con tacones, que pueden producir sonido al caminar (un varón no puede oír los pasos de una mujer), para ello se han obligado a utilizar a las mujeres un zapato especial que tiene una suela que no hace notar su presencia al caminar.
- Prohibición a las mujeres de tener presencia en la radio, la televisión o reuniones públicas de cualquier tipo, de practicar deportes o entrar en cualquier centro o club deportivo.de montar en bicicleta o motocicletas, aunque sea con sus mahrams.
- Prohibición a las mujeres de llevar indumentarias de colores vistosos.

- Prohibición a las mujeres de lavar ropa en los ríos o plazas públicas.
- Modificación de toda la nomenclatura de calles y plazas que incluyan la palabra "mujer." Por ejemplo, el "Jardín de las Mujeres" se llama ahora "Jardín de la Primavera".
- Prohibición a las mujeres de asomarse a los balcones de sus pisos o casas. Opacidad obligatoria de todas las ventanas, para que las mujeres no puedan ser vistas desde fuera de sus hogares.
- Prohibición a los sastres de tomar medidas a las mujeres y coser ropa femenina.
- Prohibición del acceso de las mujeres a los baños públicos.
- Prohibición a las mujeres y a los hombres de viajar en el mismo autobús. Los autobuses se dividen en "sólo hombres" o "sólo mujeres".
- Prohibición del uso de pantalones, aunque se lleven bajo el burka.
- Prohibición de fotografiar o filmar a mujeres, de sus imágenes impresas en revistas y libros, o colgadas en los muros de casas y tiendas.

Nota de la autora

No puedo evitar preguntarme ¿Cómo es posible que en pleno siglo 21, con el avance en todos los aspectos que toca la vida de los seres humanos, los líderes representantes de los países libres, sean indiferentes, ante este abuso y sufrimiento? ¿Será que no se puede hacer nada por ayudarlas? ¿Será que el respeto a la ley de otros países, por parte de la ONU, llega hasta la frontera de la ignominia y la clara injusticia, convirtiéndose en la excusa perfecta para continuar aceptando que por el hecho de haber nacido mujeres, tienen que conceder a los hombres el derecho de que sean lesionadas en su dignidad y acabar con sus vidas lapidándolas, porque ejercieron en sus cuerpos, el libre derecho de elegir y llegando de esta manera, hasta el punto de no ser reconocidas como seres humanos, para ser tratadas peor que un animal?

La educación es la salida; pero la educación separada de la religión castigadora, ya que "es en nombre de Dios" que son adoctrinadas y de esta, forma mantenidas como esclavas........ y pensar que Dios....... es AMOR.

Carolina:
perderte es lo mejor que me ha pasado.

"Las mujeres que quieren ser iguales que los hombres,
aspiran a muy poco."

Anónimo

Perderte es lo mejor que me ha pasado, escribe Carolina…….
Me casé hace 2 años con un hombre maravilloso a quien
conocí, en una fiesta de la compañía donde yo trabajaba; enseguida
nos gustamos y empezamos a salir. El era muy guapo y atractivo,
trabajador infatigable además de ser muy amoroso. Me contó que
estaba divorciado y que su esposa anterior vivía en una ciudad del
interior del país; que nunca tuvo hijos y tampoco tenía familia.
Decía sentirse muy solo y deseaba una familia. Se dedicaba al
comercio, por lo cual viajaba solo con frecuencia a través de país.
Nos casamos al poco tiempo, y enseguida tuve a mi bebé; me sentía
la mujer más feliz del mundo.

"Mi vida era aparentemente muy linda, tenía un amor, una
linda familia, y pensaba que todo me sonreía. Mi esposo, por razones
de trabajo empezó a viajar durante los fines de semana, raramente
podía verle. Eso me entristecía; él me decía que trabajaba mucho,
pero sería por poco tiempo y que lo tenía que hacer por el bien de los
dos. Mientras tanto yo estaba entregada a la crianza de mi hijo; así
fueron pasando los meses, hasta que me empecé a sentir muy sola…"
Yo callada seguía creyendo en sus palabras; cuando le llamaba
me decía que no tenía tiempo, que esta noche me lo explicaba…
pero jamás llegaba esa explicación. No podía hablar con él porque

*se enojaba mucho; al final me fui quedando callada, no le pedía
nada.*

Hay momentos duros en la vida. Sentir soledad, sin la compañía
o el apoyo de una persona amada, es una experiencia difícil que
todas nosotras hemos pasado en algún momento de nuestras vidas.
La soledad no es sencillamente estar sola, este es un problema
menor porque muchas mujeres necesitan estar solas. Lo realmente
duro es sentirse vacía y sola, aunque rodeada de mucha gente. La
soledad no suele ser la ausencia de personas significativas en la
vida, el trasfondo de este sentimiento tiene que ver más con lo que
no hemos hecho nosotras por nuestra vida. Cuando por cualquier
motivo, nos sentimos solas, porque nadie nos entiende, porque no
se dan las condiciones que esperamos en la vida, todo parece que
no tiene sentido.

El tiempo me fue haciendo una persona "solitaria y triste",
decía….. Hasta que un día en un centro comercial lo vi. No podía
dar crédito a lo que mis ojos veían: era él, junto a una mujer y dos
pequeños. Allí me dí cuenta de todo. Decir que "sufrí" es poco
para lo que pasé. El mundo se me vino encima; sentí todos sus
dolores!!!!!. Vi a mi pareja feliz con una señora y unos niños. No le
dije nada, sentí vergüenza, di vuelta y me fui de aquel lugar.

Esa noche recibí una llamada de él, pero no respondí. Dejó
muchos mensajes, pero yo no volví a recibirle; no quería verlo, ni
mucho menos escuchar más mentiras; hablé con mi familia que
me apoyó en todo momento. Después del dolor vino el odio, quería
romper todo lo que él poseía, su coche, su casa, su familia, todo. Era
tanta la rabia que tenía que se me nubló toda la vida. Decidí que no
quería verlo más!.

A pesar de esto, el morbo y la curiosidad, me llevaron a tener el
valor de llegar hasta donde él vivía; salió la misma señora que vi en
el centro con unos pequeños. Estuve allí, una casa muy humilde y
una señora que con su delantal hogareño se le notaba feliz. Al verla y
darme cuenta de su sonrisa limpia y de su inocencia, no pude decirle
nada. Sólo que era una vendedora de cosméticos y amablemente me
hizo pasar; vi a mi "súper hombre" en todo su entorno, un pobre

cretino sin darle a su mujer las mínimas comodidades. Me senté y hablamos de todo; comentó que su marido no tenía sueldo para gastar en productos de belleza. Cuando estábamos hablando, llego él, se puso pálido y tembloroso; lo vi tan miserable, tan bajo que note que mi presencia casi le causa un infarto. La señora muy amable me ofreció una taza de té la cual acepté para enterarme más de su cotidianidad.

Algo en mí se iluminó, y después de un rato le dije que me tenía que ir. Nos despedimos muy cordiales; en ese instante admiré a la mujer de ese hombre por lo valiente que era para soportar tanta miseria, y di gracias a Dios por haberme rescatado de las manos de un ser falso y cruel. Ahora puedo con más tranquilidad contarles, que me buscó mil veces, pero yo lo dejé de amar en ese instante. Mis amigas me recomendaban que lo acusara de bigamia, pero yo solo de pensar en esa pobre mujer y esos niños, decidí que no valía la pena. Ahora sólo producía en mí un sentimiento de lástima, y a alguien que se ama no se le tiene lástima, por eso digo que dejé de quererle.

El miedo se esfumó. La tristeza se ve ahora tan distante, porque hasta ella se cansó de mirarme a los ojos.

Solo me quedan estos cuentos de princesa, porque aquí puedo creer... todavía puedo creer que hay sueños que no se han desmoronado por completo. Aunque todo me demuestre que lo que añoro solo existe en libros y películas.

Esas tontas películas de amor que uno mira sin cansarse nunca. O simplemente historias de vida, porque ya lo demás es pedirle al presente lo imposible; y al futuro, al futuro no puedo pedirle nada. Porque sería seguir estrellándome contra una realidad que no quiero ver: "Que el mundo vive muy bien sin amor".

Yo me sabía todas las reglas, pero las reglas no me conocían a mí. Nunca supieron que yo solo pedía algo básico.

Mis sueños no han cambiado desde la infancia: Una casita con cerca blanca, flores en el balcón, ventanas con persianas verdes y rosas en el jardín, un árbol de ciruelo en el jardín trasero, veranos con olor a comida hecha en casa, risas... un hombre que te traiga

un ramo de flores de vez en cuando y te diga te amo, solo porque sí,
porque el amor es así… niños riendo, jugando con las piedras de un
caminito de sueños.
    Pero creo que pedí demasiado. Y hoy que todo eso se esfumó, les
pido a mis sueños que no se sientan solos sin mí, porque hoy les digo
adiós. Lo otro sería simplemente esperar la muerte. Y para salvarlos
debo dejarlos ir, por lo menos así seguirán viviendo en la memoria de
una niña que se empeña en seguir viva muy dentro mío. El resto, irá
como siempre, al baúl de las cosas que debieron ser y no fueron…

Después de esto tenía que proveerme y para poderlo hacer mi
madre me ayudó con la crianza de mi hijo a quien dolorosamente
tuve que dejar con ella para irme a la capital a trabajar.

…..*Estoy sola, ya el tiempo me dirá qué hacer, doy gracias a*
Dios de haberme librado de ese mal.

    De repente un día descubres que es bueno estar sola otra vez. Por
ahí te cruzas con sentimientos encontrados. No sabes si estas realmente
bien o si de un momento a otro te caerás en el abismo de "estar sola"…
Pero te pones a pensar en todo lo que deseabas hacer y no podías y te
ves explorando esas posibilidades. Entonces te das cuenta que hay un
abismo…pero que no puedes caer en él, que si te sientes deprimida de
vez en cuando o sientes nostalgia… está bien!!!

    Es buena la nostalgia, porque aunque ahora te duelan ciertas
cosas, la nostalgia que sientes es porque te pasaron cosas buenas. No
importa si hoy descubriste que la mayoría fueron mentiras, que viviste
un fiasco…pero no importa, porque fuiste feliz mientras duró.

    Hoy siento cómo es de conciliadora mi propia compañía. Porque
estar sola no es lo mismo que sentirse sola. Puedo recuperar mi propia
espontaneidad. Esta noche almorcé y cené sola y me di cuenta, a
pesar de mis nostalgias, que hacer cosas a solas puede ser: divertido,
relajante, animado, alegre, creativo.

    Este es el contacto con la persona más importante de mi vida:
Yo…Estoy aprendiendo a gustar de mi propia compañía…

    No importa la tristeza de la pérdida. No importa cuánto cuesta
respirar a veces. No importa la ausencia de mi hijo. No importan las
noches en vela ni los días repletos de mil preguntas…

Hoy solo debe importar que debo liberar mi alma y mi corazón de todo lo que duele. Por más que permanezca la incógnita de cómo hacerlo. Empezaré por abrir mis alas al viento, desplegar toda mi inconsciencia y salir por ahí buscando mi destino o simplemente... chocarme con algo que me devuelva las risas, el ángel, las rosas...el verano... En fin todo lo que te llevaste con tu egoísmo y tu falta de interés por cualquier cosa o ser que no seas tú mismo... Algo que me aleje de la tristeza que instalaste en mi corazón...

Hoy todo tiene que cambiar. Tal vez porque sea domingo y los domingos son siempre tristes, es que decidí que hoy sería un domingo de comienzos y no de retrocesos, un domingo de emociones nuevas y no de tristezas ancladas en mi alma desde no sé cuándo. Y que tú... si Tú... decidiste anclar aun más.

Hoy no!, hoy todo será diferente y si lo que encuentro por ahí me devuelve las risas y todo lo que amo... aunque sea solo un jardín de flores, lo tomaré prestado...Pero si lo que encuentro me devuelve a ti, a la tristeza, al desasosiego, a la desesperanza, al insomnio.... entonces te espantaré como se espantan a los fantasmas... dejando de invocarte, dejando de pensarte... porque nada es eterno y tú, la tristeza y el desamor no tienen por qué ser la diferencia.

Abriendo mis alas a la vida.... y a lo que venga de ellas.....

¡Qué sensación extraña el de sentir esta paz envolviéndome toda!. Digo raro, porque en los últimos meses estuve viviendo a los sobresaltos, con mariposas en el vientre. Pero no las mariposas de la adolescencia, las del amor primero, y segundo y tercero; sino esas horribles tormentas que uno siente en el estómago cuando las cosas no andan bien. Hace días que esas tormentas o "mariposas nocturnas" como las llamo yo, ya no vienen a mi encuentro.

Pienso que ha vuelto una de esas épocas de tranquilidad que tanto añoramos cuando lo normal es vivir al filo de "algo"... siempre. ¿Te acuerdas? Me pregunto esta tarde de las tantas obligadas e infinitas, las noches de rondas por la casa con mi perra fiel siguiéndome a todos lados. De ahí que últimamente me he sentido medio aburrida, que raro ¿no?, sentirse así cuando vuelve la calma, la paz. Pero es que normalmente vives tan asustada, tan desconfiada, triste siempre por algo. Que ahora de repente me doy cuenta que ese aburrimiento era simplemente el extrañar esos oscuros momentos.

¡Que rara especie es el ser humano! Y no me malinterpreten, ¡no!, no quiero volver a eso, claro que no. Lo que pasa es que tengo que acostumbrarme a esta paz, a esta rara tranquilidad... a leer y escribir una tarde de domingo, con mi capuchino y mi perra fiel acostada a mis pies, y que no haya sobresaltos. Solo eso... nada más que esta rara tranquilidad...

"Y por supuesto que perderle es lo mejor que me ha sucedido."

Maribel,
hay algunos momentos que cambian
la vida para siempre......

El primero que comparó la mujer a una flor, fue un
poeta; el segundo un imbécil.

Voltaire

A Maribel, la violaron una y otra vez, noche y día, hasta cansarse. Nunca supo cuántos fueron. Estaban muy sucios y olían mal, a sudor, a cebolla, y alcohol. Mataron a su marido, hijos y hermanos, delante de sus ojos.

Su único delito, ser la esposa y hermana de opositores del gobierno tiránico que se había instalado en el poder de su país. Cuando la violencia de la dictadura se apoderó de sus vidas, su esposo y sus hermanos, que siempre había vivido y querían seguir viviendo en libertad, decidieron participar activamente en la batalla por la liberación de esa opresión a su país.

A sus 55 años, casi nunca habla de lo que le hicieron los soldados durante el mes que pasó encarcelada. Su hermana mayor y su madre, que medio han perdido la cabeza, también pasaron por la prisión, pero ese tema no se toca, a pesar de que las tres viven en la misma casa y duermen en una única habitación, junto con otros dos hermanos pequeños.

Ahora dice vivir condenada a la cadena perpetua de esas imágenes, del olor a alcohol y sudor de esos hombres, tatuados en su cerebro. Afortunadamente no tiene hijos, a diferencia de su hermana que tiene dos. "No piensa tenerlos jamás". La sola idea de tener una relación sexual la aterroriza y se esfuerza en enfocarse solo en su trabajo como educadora, y de olvidar.

¿Olvidar? dice Maribel....¡Como si eso fuera posible!

"Esperando en vano por algo que nunca llegará" El Olvido....¿Es este mi rostro ahora? ¿Será que llevo la tristeza arraigada?

Los colores se me van apagando uno a uno, y solo va quedando un blanco y negro que apenas incluye algunos matices de gris. Pero no me importa vivir en blanco y negro. Aunque el mundo sea a colores, hay cosas que cambian dentro de uno... pero tal vez sea solo una estúpida cuestión de matices ¿verdad? Tal vez sean solo perspectivas diferentes. ¿Será que este es el rostro de alguien que espera? ¿O será tal vez el rostro de alguien que se cansó de esperar?... "Que el olvido y el alivio del alma aparezcan".

Continúa hablando Maribel...sin parar........

Ese tipo de abuso, te marca para el resto de tu vida, no solo acaban con tu sexualidad, tu autoestima y tu estabilidad emocional.

También te roba la ilusión y las fuerzas para enfrentar la vida.

¡Jamás podré dejar de sentirme sucia!

¿Te imaginas vivir sintiendo asco de ti misma permanentemente?

Ella continua hablando, como si estuviera sola, es una especie de monólogo, al cual es imposible interrumpir:

Mi eterna compañera es la tristeza

"Quería quedarme así... esperando que la tristeza se canse de verme y se fuera solita, por donde vino! Pero no se fue, parece que se enamoró un poco de mi, a veces me le escondo y me dan ataques de risa cuando la veo desesperada buscándome.

Pobre... luego viene y se me apega otra vez, se acurruca en mis brazos y me llora en silencio.

Pide que no la deje... pero yo le explico: que no se puede quedar a vivir para siempre conmigo, y la pobre, triste como es... entiende y me deja un tiempo.

Entonces puedo respirar un poco mejor, porque es
que cuando estamos juntas las dos usamos todo el aire
y no nos alcanza.

Cuando me deja sola, la siento arrastrando sus pies
por la casa, como buscando la forma de reconciliarse
conmigo, de meterse conmigo en la cama y que nos
quedemos horas mirando películas juntas, que nos
quedemos dormidas con los ojos hinchados de llorar, en
silencio claro, porque no se puede hacer un escándalo
de lágrimas como hice el otro día, porque hasta ella se
espanta y no sabe dónde meterse.

No es que le tenga cariño, no!, no me malinterpreten.
Pero es que a veces la soledad es tan grande y la falta
de amor y de cariño sobrepasa la barrera de lo posible…
Entonces viene, la tristeza… calladita… mirándome de
reojo y dejo que se instale en mi pecho. Se ha convertido
en mi compañera de tardes silenciosas y de noches de
insomnios.

Sé que debo dejarla ir… pero uno se encariña con lo
que tiene más cerca, siempre es así! Y en estos momentos…
lo más cerca que tengo es a ella: la tristeza"

Maribel, hay algunos momentos que cambian la vida para
siempre……

Sandra..
en esta vida, las cosas
siempre cambian....

La gran pregunta que nunca ha sido contestada y a la cual todavía no he podido responder, a pesar de mis treinta años de investigación del alma femenina, es: ¿qué quiere una mujer?

Sigmund Freud
(1856-1939) Psiquiatra austríaco.

En esta vida las cosas siempre cambian, dice Sandra con un dejo de amargura en su voz. Vivimos en un mundo donde todo va cambiando. La persona que vive a mi lado no comparte nada conmigo, apenas me saluda con frialdad, por la calle no me toma la mano, tampoco me da un beso si yo no se lo pido, todo se lo tengo que pedir, pedir y pedir!

Él dice que me ama, pero yo no puedo entender esa forma de amar. Mi compañero de repente se da cuenta que no me ha estado prestando atención y comienza a hacerlo, buscando llenar ese vacío que el mismo ha creado entre nosotros, solo que ese cambio dura pocos días. Cuando lo conocí no era así, era un hombre atento, dedicado, cariñoso, preocupado... hoy simplemente le entusiasma cualquier actividad en la que yo no esté incluida... y ¿me vengo a dar cuenta de eso hoy?... como si no lo supiera desde antes...y es que las mujeres cuando decidimos hacernos las idiotas no hay quien nos gane!. Mi hijo va creciendo y me acompaña hasta en mis protestas pacíficas por una vida mejor y por defender la democracia de mi país...

Una mañana me levanté con ganas de ver el mundo y mi país de otra manera y lo vi cada vez más hundido, pero sigo luchando... "la esperanza es lo último que se debe perder". Yo creo que todos tenemos que luchar por algo, y en realidad siempre estamos luchando, por un amor, por un amigo, por la familia, por los hijos, por un país que sangra, por los muertos... pero no nos debemos cansar nunca!.

He decidido seguir con mi vida como si estuviera sola. Porque estoy sola! Seguiré mi vida como si él no estuviera presente. **El no está presente**. La familia, mi hijo, las amigas, leer, salir por ahí a refrescar mi mente. No voy a seguir rogando, lo que no me quieren dar. A pesar de que él insiste en decir que me ama y quiere quedarse; si no cambia, no lo aceptaré más en mi intimidad.

Cuando se ama realmente, se está presente, se comparte; lo otro es costumbre, comodidad, miedo a lo desconocido. Ya no tengo alma de mujer abnegada que se considera por debajo de su pareja, de aquellas que se les pasa la vida y, siempre se quedan esperando.

¿Y si un día descubrimos que nuestra lucha no tiene asidero?... pues bueno partimos en otra búsqueda (en esto no incluyo la lucha por la democracia de mi país). Pero si alguien a quien, a pesar de sentirnos incapaces de olvidar, no le da a uno más pie lo mejor es dejarlo ir. Perderse el hoy por pensar en algo que ya quedó en el pasado, es morboso.

Sé que es más fácil escribirlo y decirlo, que hacerlo... Es tan difícil ponerlo en práctica cuando es el corazón el que no te deja. Pero vale la pena intentar ¿no crees? Hay que darse un chance!! Para evitar que cuando me quiera dar cuenta, este vieja y cansada; ya no habrá nada que pueda hacer. Mi vida se habrá convertido en un desperdicio de tiempo, pidiendo a alguien que reaccione, que se dé cuenta que me está perdiendo. Si no se quiere dar cuenta allá él, yo lo amo, pero todo en la vida tiene un límite, y si tuviera alma de monja, pues ya me hubiera internado.

Hay noches que no duermo pensando en qué haré para darle a mi hijo un mañana mejor, para no dejarle un país inventado, sino algo real, algo tangible; un lugar donde pueda crecer con dignidad y sentirse orgulloso de ser parte de esto. Porque la otra es darle una "patada a la mesa" y salir a buscar otro lugar que por lo menos parezca un paraíso, aunque no lo sea.

El hombre que amo ya no me quita el sueño, ahora no lo comparte conmigo. Y eso me deja respirar mejor. Aunque mis otras luchas me dejan cansada y sin muchas respuestas. Soy una mujer, con todo lo que eso incluye, con ganas de amar, de sentir, de vibrar, de reír, de divertirme, de vivir la vida que Dios me dio de una manera digna para un ser humano. No se me pasará la vida sentada en esta casa esperando que un milagro suceda... si sucede Dios sabrá cuando y de qué manera, pero no estaré sentada esperando. **Me canse!**

Yo como todas las mujeres, aunque nos frustremos, tenemos que seguir adelante y seguir soñando en encontrar ese camino de regreso; ese que nos lleve al corazón en donde nos reinventamos diariamente, y sigamos sufriendo, y sonriendo, y riendo a gritos y llorando a gritos también. Así es... así debe ser. Este camino que elegimos no es fácil pero es el que nos toca y cuando pasen los años podremos sentarnos a revisar el baúl de todos nuestros recuerdos... y encontraremos cosas maravillosas... las tristes ya se habrán vuelto polvo y las alegres también, y en ambos casos, nos reiremos de aquella situación que creímos que nos mataría, pero que fue todo lo contrario, nos ayudó a caminar mejor.

Todo lo que perdimos en combate nos habrá enseñado algo, y los triunfos... nos mostrarán en qué nos convertimos. Al menos yo creo que es así...si me equivoco... no importa, me quedan tantas otras equivocaciones seguramente por cometer! Yo seré la encargada de hacerme feliz! De darme lo que merezco por el simple derecho de estar viva. Si él quiere acompañarme en este viaje, el de ser feliz y disfrutar la vida, será bienvenido; pero debe estar dispuesto a estar presente. No estaré 30 años esperando por él, ya esperé demasiado...

Hoy empiezo a dedicar mi tiempo a hacerme feliz!

Dicen que la relación con los demás se mide en la manera en que **está ocurriendo**, o sea mientras dura, pero hay que estar atento, pesquisar, detectar y revisar si esto que tienes es realmente lo que tienes, o es el cadáver de aquello que tuviste. Y si es un cadáver... hay que despedirse de él y salirse de lo que ya se terminó. Pero uno tiende a quedarse pegado a las cosas de ayer, es como estar **comprometida con lo anterior**. Es vivir colgada del pasado, cultivando algo que ya no existe más. Luego nos aferramos al dolor y nos quedamos en ese duelo el tiempo suficiente para poder salir airosas y con un poco más de temple de él.

Nos guste o no, siempre alguien nos va abandonar, o vamos a perder alguna cosa, la etapas como su nombre lo dice, pasan; tarde o temprano, inevitablemente, todo se va, todo se termina, todo va desapareciendo, las personas se van, a veces nosotros también nos vamos...

En mi caso el dolor de la pérdida no tiene quizás mucho que ver con el **"no tener a esa persona"**, sino con el mal manejo de mi impotencia. La impotencia de no haber podido evitarlo o de no poder hacerlo regresar. Es esa carencia de algo que yo, por el momento al menos no hubiera querido que desaparezca.

Ahora estoy tratando de entender que las pérdidas son necesarias, comenzar de nuevo, dejar atrás, aprender otra forma de vivir, yo sola!. Aprender a no depender de la mirada de alguien... Pero soy consciente que estas pérdidas ayudan a nuestro crecimiento y a nuestro desarrollo. También se que todo depende de cómo enfrentamos nuestras pérdidas: experiencias dolorosas que arañan el alma, que te dejan el corazón arrugado. Pero también depende de nuestra manera de enfrentar el mundo, en el que inevitablemente está la propia forma de enfrentar los duelos...

Un duelo que hay que vivirlo pero abriendo los ojos y reconociendo que hay un camino que nos señala que debemos renunciar a **lo que ya no está**. Eso, creo yo es madurar. Aceptar que esto tuvo su tiempo y ahora cambió, y dejar de pelearme con la realidad...esa realidad que no es como yo quisiera que sea.

Hoy estoy aprendiendo a recorrer el camino de las "pérdidas", aprendiendo a dejar ir las cosas, conociendo algo que se llama **desapego.** Estoy aprendiendo a sanar heridas, esas que se producen cuando algo cambia, cuando una situación inesperada nos cambia el rumbo. Y con frecuencia esto sucede sin previo aviso, así! de golpe. Y ahí es donde quedamos atrapados en la tristeza, y la tristeza es nefasta; tremendamente dolorosa y dañina.

Siempre hay un dolor profundo cuando se tiene que dejar atrás algo que creíamos **era nuestro**; algo que existía, que creíamos era real. Cuando nos negamos a comprender y aceptar que **nada es realmente nuestro**, nada nos pertenece, **todo es temporal!**... allí sobreviene viene el duelo, porque nos negamos, no lo aceptamos, nos entregamos al duelo y los duelos duelen!, te sobreviene el miedo, porque sabes que tienes que entrar a otro lugar donde no hay nada más que lo que estás viviendo ahora, la realidad, el pasado ya no está, pasó.

Por eso, como un niño que aprende a caminar, hay que ir dando un paso primero y luego el otro... de a poco... pasito a pasito. Y cuando me toque mirar para atrás ya habré aprendido a correr de nuevo y este duelo... este dolor de hoy... mañana será también inevitablemente... ...parte del pasado.

Pero como dije al principio: **Las cosas siempre cambian...**

Carmelina:
Si, se puede vivir sin amor!!!!!!!

"Las batallas contra las mujeres son las únicas que se
ganan huyendo."

(Napoleón Bonaparte)

Carmelina acaba de sobrevivir a un intento de suicidio y a pesar
de que sabe que todas las mujeres de la comarca están enteradas,
prefiere ignorarlo.

Su mejor amiga Sofía, la miraba con ternura y muchas
interrogantes, después de tan doloroso hecho. Ella le leyó el rostro
y quizás asustada, cerró para siempre su corazón y alma.

Ante esta reacción, Sofía pensó…*"cuando una mujer está
deprimida, es así. Sonríe, es atenta, habla un rato y entonces se
aleja". Se preguntaba para sí, reflexionando al verla en su lecho
¿Quién no ha tenido la experiencia de estar frente a una mujer que
pasa por la durísima prueba de una depresión? "Todas lo vivimos…
alguna vez…Es cuando sus días se hacen largos y las noches son
solo de ellas….entonces surge el pensamiento, que no hay que dejarse
caer, que hay que resistir… porque la realidad es que todo el mundo
llora, todo el mundo sufre alguna vez…y es cuando a veces todo
sale mal… de repente sentimos que ya no se puede más, que ya se
sufrió demasiado…pero que hay que resistir porque el mundo lo
obliga…. la generalidad de la población se resigna a decirnos que
hemos sido todos heridos alguna vez… y entre la credulidad y la
incredulidad se acepta el sentimiento de una inmensa soledad y la
terrible e insondable sensación de estar solo en esta vida…. y se cree
que ya no se puede caminar más…pero se tiene que hacer, porque hay*

un gran reto: VIVIR… a pesar que a todos nos dañan alguna vez…
Reflexionaba la amiga al mismo tiempo, en su situación personal tan
similar al cuadro que está viendo, por demás desesperanzador…y se
decía así misma… "Yo aquí estoy, también resistiendo… o intentando
hacerlo"… También estoy sola, pero es una soledad rodeada de mucha
gente y otras veces impuesta por mí. La tristeza es irremediable porque
simplemente viene y estalla contra mí como una bala en medio del
pecho. De todas maneras aquí estoy… intentando, caminar hacia
donde me lleve este camino que escogí.

Un día, pensaba Sofía, encontraré las respuestas, a tantas
preguntas: unas con sentido y otras sin sentido. Aprenderé a escuchar
a mi corazón, que dicen habla tan bajito y lo hace tan despacio,
que uno debe estar atento y tener paciencia… quedarse en silencio
para escucharlo. Dicen los conocedores de la vida, que cuando
menos uno lo espere la vida misma, nos irá diciendo todo de poco…
en poco… hasta cambiar tus sufrimientos por felicidad… Mientras
tanto…reflexionaba Sofía, me quedaré aquí quietita, esperando…
que mi corazón, quiera hablarme, y yo tener la capacidad de
escuchar sus adoloridos latidos. Petrificada…sumida en sus propios
pensamientos… acompañó a su amiga con lágrimas de solidaridad
al ver el doloroso cuadro, observado a los médicos que se movían
ágilmente tratando de salvarla y devolverla a la vida…..

Carmelina tuvo un padre demasiado rígido. Tanto ella como
sus hermanos fueron criados bajo unos conceptos rigurosos, donde
la moral estaba sobrevalorada. No hubo amor, menos reafirmación
de la autoestima; solo críticas y estrictos castigos ante cualquier
infracción de las exigentes reglas de convivencia. Educada en
colegios religiosos, obligada a la dogmática práctica de la religión y
sin ninguna información acerca de la sexualidad y su manejo. Hizo
una carrera universitaria en Economía; una vez terminada esta,
decidió escaparse de su casa y de su país, buscando un ambiente
menos opresivo que le permitiera realizarse como persona.

El destino escogido fue New York, donde vivía una tía hermana
de su padre, quien la acogió en su casa. Recién llegada, con todo
el entusiasmo y la energía que se tiene a los 24 años se dedicó

a buscar trabajo, dándose cuenta rápidamente que las cosas no eran fáciles; la educación traída de su país, había "perdido valor cuando ella cruzó la franja de mar que separaba los países". Le tocó trabajar en todo lo que se le ofrecía. Las necesidades personales y exigencias de la casa donde vivía eran muchas, había que trabajar muy duro para cumplir con sus obligaciones, pero se sentía feliz de estar viviendo libre de la opresión que significaba estar bajo el férreo control de su padre.

Además de trabajar, se dedicó en forma irrefrenable a disfrutar de la increíble vida nocturna de la gran ciudad, y en donde nunca le faltaba una invitación. Siempre estaba acompañada de algún amigo nuevo que atraído por su sensualidad y juventud, se desataban en atenciones hasta que conseguían su propósito de hacer sexo. Una vez obtenido ese objetivo y apenas veían en ella el deseo de una relación estable, la dejaban y no volvía a saber de ellos. Eso hizo de ella una joven muy promiscua, que buscaba en forma incesante alguien con quien tener una relación estable. Fue una joven muy hermosa, de piel morena, cabello negro rizado y abundante, de contextura delgada y alta; rasgos muy latinos y aspecto sensual. Llegó a pensar que jamás conseguiría a nadie que se interesara en ella con fines de hacer una familia. Cuando estaba cerca de cumplir 30 años, se presentó en su vida, el que estaría destinado a ser su esposo, el hombre de su vida.

Gilberto era un hombre muy atractivo, elegante, con aspecto y estilo de vida de hombre rico, tenía un lujoso carro y estaba siempre vestido con extrema elegancia. La primera vez que la invitó a salir a comer a un restaurante, ella no tenía ropa adecuada, pues a pesar de trabajar mucho, no podía comprarse lo necesario para ir a los lugares que ese hombre frecuentaba Él era el hombre de sus sueños: educado, de modales finos, con una gran cultura y acostumbrado a viajar. Tenía dos defectos: 20 años mayor que ella y además estaba sumido en un largo y tortuoso matrimonio de cuya unión había, dos hijos mayores, que si bien resultaron una incomodidad los primeros años de relación con él, no le impidieron continuar sus amores con Gilberto.

Ella se entregó a esa relación con toda intensidad, vivieron juntos durante seis años, hasta que finalmente él logró obtener su divorcio definitivo y así pudo complacer los deseos de ella de ser esposa y madre. Tuvo a su hijo y durante años fue feliz. Decidieron mudarse a otra ciudad dentro del mismo país, allí durante años les sonrió la vida, especialmente a ella, que se sentía lejos de los hijos mayores y la anterior esposa de su marido.

En la medida que su esposo empezó a envejecer más, comenzaron a tener los problemas habituales para tener relaciones sexuales, y al mismo tiempo, una intensa crisis económica que hizo bajara el nivel de vida al que estaban acostumbrados. Ella lo ayudaba en todos aspectos, trabajaban juntos y mientras él estuvo enfermo le tocó trabajar casi que las 24 horas del día. Igual ocurría con sus problemas sexuales, se sometía en forma humilde a complacer cualquier fantasía con la cual él pudiera conseguir una erección, no importaba cuan humillante fuera. Llegó hasta a prestarse para ir con él a bares especiales donde las personas tenía relaciones entre ellos. Carmelina se acostaba con otros hombres y también con otras mujeres frente a él, para que gozara y se excitará de esa manera. Para ella no era importante lograr su satisfacción, lo único que deseaba era complacerlo y hacerlo feliz. Mientras se dedicaba a ese tipo de actividades sexuales, seguía siendo una practicante religiosa muy dedicada, y asistía todos los días a los oficios religiosos donde pedía perdón por sus pecados de la noche anterior.

Luego de años de esa vida alocada y desquiciante, ella de repente se dio cuenta, de que estaba muy sola. No se sentía amada ni respetada por su esposo, quien solo la usaba, tanto para sus cuidados como enfermera, como sujeto de satisfacción sexual. Entonces, se empezó a sentir abusada…….

Carmelina había sido la típica esposa sumisa que seguía a su marido sin cuestionarle nada. Tuvieron un hijo al cual amaban con locura casi ciega. Ella, como típica madre de matrimonio convencional, era quien se ocupa de sus cuidados. Postergada como persona y siempre siguiendo los mandatos egoístas de su marido, a quien irracionalmente admiraba con absoluta sumisión, tal vez, por el temor a quedarse sola o porque jamás se cuestionó otra forma de vida diferente, continuaba viviendo una vida de apariencias. Aceptaba con humildad su destino, por la sencilla razón que así había sido criada y así criaría a su hijo. Entonces aceptando las reglas del juego, sus aspiraciones habían quedado reducidas a su casa, su marido, su trabajo rutinario que detestaba y a su hijo que estaba asimilando malsanamente el ejemplo. ¡No hay más!. O tal vez la pregunta que había que hacerse: ¿Esa vida era lo que aspiraba Carmelina desde siempre?.

Carmelina había intentado suicidarse muchas veces... pero ahora con mayor razón. Su hijo creció, ella sintió que su existencia carecía de sentido y ante el hecho que su marido la responsabilizaba de lo infelices que eran, decidió tomarse una cantidad de suficiente de tranquilizantes, como para dormir para siempre y no volver a escucharle.....

Sofía, su amiga, la comprendía y una vez se atrevió a aconsejarle a Carmelina que se separara de su marido; que ella podría ser una mujer independiente, con ánimo fresco y esperanzador. Trataba inútilmente de convencerla que ella tenía la suficiente capacidad y fortaleza para salir adelante; que no renunciara a la oportunidad de ser feliz, de hacer más de lo que hasta ahora sin reconocimiento por parte de Gilberto había hecho: ser madre y esposa.

Carmelina comenzó una terapia con medicación antidepresiva y lentamente volvió a situarse en el mismo lugar en donde estaba, al lado de su marido e hijo, haciendo caso omiso a su intento de suicidio. Una vez que salió de ese hospital en donde le salvaron la vida, dejó de verse con sus amigas, porque consideraba que no eran una "buena compañía", frase con la que reiterativamente argumentaba su marido. Así continuó con su vida hipócrita, infeliz y con el intento de suicidio enterrado y bien oculto en su historia. Sofía lamentaba la pérdida de la amistad de su amiga, quien a veces la llamaba para ver cómo estaba y siempre escuchaba la misma respuesta: muy bien! Feliz! Mientras que en su garganta se denotaba que se perdía un quejido ahogado por la desesperanza y el desamor.

Carmelina escogió como muchas otras mujeres: renunciar a sus deseos más íntimos de realización personal.....Sometidas por sus propios miedos, víctimas de las inseguridades que les sembraron por muchos años de sometimiento....aterradas ante la idea de hacerles perder la estabilidad de "un hogar" a sus hijos....y con el profundo convencimiento de que sus propias vidas no importan....solo importan las vidas de sus seres queridos....

Reflexiones Finales

Una vez esbozado en la introducción la naturaleza del problema, el cual se ilustró con las historias de la vida real, los invito a completar nuestro análisis.

Evidentemente el tema es la **Discriminación Femenina** en sus diferentes formas, a lo largo de la historia, y sus consecuencias en nosotras las mujeres. No se puede negar que hemos acumulado muchos logros, visibles especialmente en los últimos 50 años.

"Es una nueva era", era de la mujer que prospera. Cada día rompemos más barreras de roles, y nos permitimos pensar independientemente acerca de quiénes somos y qué significa para nosotras el éxito... Prosperidad significa experimentar el equilibrio en la vida, lograr lo que deseamos a nivel mental, físico, emocional, espiritual y financiero. El bienestar es resultado natural de abrir la mente a nuestras imaginaciones creativas y estar dispuestas a actuar con base en nuestras ideas". Ser ama de casa y profesional, es una nueva perspectiva. Existen mujeres profesionales que trabajan, luchan por ser mejores, por sobresalir en su trabajo y por mantener el cariño y respeto en el hogar. Ha quedado atrás el pensamiento de que la mujer debe quedarse en casa al cuidado de los hijos; ahora hemos demostrado que podemos con la responsabilidad de un hogar y a su vez, con la de un trabajo digno.

La mujer de hoy ha logrado ser escuchada, dar y aportar ideas de mujeres de su medio, obteniendo poco a poco un lugar por el que desde hace muchos años se había luchado.

La educación puede ser considerada el área en que las mujeres han obtenido los mayores logros en las últimas décadas. Esta educación influye en la participación económica y poder adquisitivo femenino, así como también en el número de hijos que tenga y de la salud que estos niños disfrutarán en el futuro. Por lo tanto, el progreso en esta área puede ser el precursor de una expansión de oportunidades para el futuro. Es indudable que la educación desarrolla el potencial humano. En el mundo moderno se la considera esencial para poder tener en la vida un papel que sea satisfactoriamente productivo, y esto es así tanto para las mujeres como para los hombres. La mayoría de los gobiernos han eliminado actualmente las barreras formales para el ingreso en los sistemas de escolarización, lo que ha permitido una igualdad de acceso tanto para las niñas como para los niños. Las leyes que exigen la educación obligatoria se han extendido por casi todo el mundo. De acuerdo con los informes de las Naciones Unidas, 161 de 194 países con sistemas autónomos de escolaridad, tenían ya educación obligatoria en 1980. De estos países, la mayoría (94 sobre 161), exigía de 8 a 10 años de escolarización; 57 requerían 7 años o menos; y 12 países 10 años o más. Un aumento significativo en el número de matriculas durante el periodo de posguerra, fue el fundamento que hizo creer con cierto optimismo que la educación era una fuerza importante para la mejora de las condiciones de vida y del estatus de la mujer. El aumento en el número de matriculaciones ha sido sustancial. A pesar de este hecho, es evidente que aún hoy existe una gran desigualdad y que aún queda por hacer.

¿Son estas batallas por la reivindicación de los derechos de las mujeres un fenómeno reciente? NO! desde siempre existieron mujeres que pelearon por la igualdad de géneros; querían ser escuchadas al igual que el hombre; tenían la razón y nunca tuvieron miedo de realizar actos que, incluso, las llevaran a la muerte por sus ideales: Safo en la antigua Grecia. Hypatia, filósofa, astrónoma y matemática, despedazada por una muchedumbre airada que la acusaba de ser "bruja", por ser hebrea y por ser capaz de pensar y enseñar "como un hombre". En la Edad Media Juana de Arco —visionaria religiosa y genio de las artes bélicas— fue condenada por los obispos franceses, quienes la calificaron de "hereje" quemándola viva en la hoguera. Durante el Renacimiento

se destacan varias mujeres en el campo de las artes, tales como
Artemisia Gentileschi. De la Revolución Francesa, Olympe Des
Gouges, quien la guillotina cobró sus esfuerzos. Son sólo algunos
ejemplos de mujeres que han puesto en alto la palabra MUJER y
que le han demostrado al hombre lo iguales que somos y que unidos
podemos obtener logros y ser capaces de mejores descubrimientos,
que una cultura de equidad en el trabajo y en equipo servirá para
sobresalir y luchar por un futuro que nos beneficie a todos.

"No se trata de defender la causa de la mujer contra el hombre
sino de la insistente reivindicación de la mujer para tener derecho
a hablar, porque el mundo necesita oír su voz" "Lo que se quiere
es un mundo de información, en el fondo, ¿acaso había otra manera
de inculcar el hecho de que la historia de las mujeres es la de la
mitad de la humanidad, a veces la de mayoría?" (V. Woolf). Una
mujer digna de ser reconocida es la escritora mexicana Sor Juana
Inés de la Cruz, esta monja joven y educada se atrevió a escribir en
ese entonces su célebre poema: "...Hombres necios que acusáis
a la mujer sin razón, sin ver que sois la ocasión de lo mismo que
culpáis...Contamos con treinta ganadoras de premios Nobel desde
1903 a 1998 —fecha en que por primera ocasión el sexo femenino
recibió este galardón—. Los premios se distribuyen así: dos en
Física, tres en Química, seis en Fisiología y Medicina, diez de la Paz
y nueve en Literatura. Estas 29 mujeres (una de ellas, Marie Curie,
recibió dos premios) conforman sólo un 5% de los Premios Nobel
otorgados desde su inicio. Considerando las enormes resistencias
que las mujeres han encontrado y aún encuentran para ejercer
sus profesiones y acceder a los santuarios de la ciencia, donde se
encuentran los recursos para investigar, es todavía mayor su mérito.
**Estas mujeres son un ejemplo de lo que se puede lograr en
los ámbitos de la ciencia, educación, cultura y tecnología.**
No puedo dejar de mencionar aquí las 25 mujeres más
Influyentes de los últimos 100 años, según la revista Time:
1- Jane Addams (1860-1935) 2- Corazón Aquino (1933-2009) 3-
Rachel Carson (1907-1964) 4- Coco Chanel (1883-1971)5- Julia
Child (1912-2004) 6- Hillary Clinton (1947-Presente) 7- Marie

Curie (1867-1934) 8- Aretha Franklin (1942-Presente) 9- Indira Gandhi (1917-1984) 10- Estée Lauder (1908-2004) 11- Madonna (1958-Presente) 12- Margaret Mead (1901-1978) 13- Golda Meir (1898-1978) 14- Angela Merkel (1954-Presente) 15- Sandra Day O'Connor (1930-Presente) 16- Rosa Parks (1913-2005) 17- Jiang Qing (1914-1991) 18- Eleanor Roosevelt (1884-1962) 19- Margaret Sanger (1879-1966) 20- Gloria Steinem (1934-Presente) 21- Martha Stewart (1941-Presente) 22- Madre Teresa de Calcuta (1910-1997) 23- Margaret Thatcher (1925-Presente) 24- Oprah Winfrey (1954-Presente) 25- Virginia Woolf (1882-1941).

Por supuesto que, como toda lista, es arbitraria, y habrá nombres de más, y nombres de menos.

Independientemente de que estemos de acuerdo con las posiciones que tiene algunos nombres, no podemos negar que estas mujeres, cada una de ellas en su campo, son MUJERES DESTACADAS Y EXITOSAS.

También es necesario incluir a todas aquellas que día a día se esfuerzan por tener un hogar limpio, por hacer de la cocina una gastronomía imprescindible, a quienes hacen de sus hijos hombres de bien, luchan porque sus hijos abandonen los vicios, mujeres que sufren y callan. "Si el poder se mide en términos de capacidad de actuación o de transformación, ¿por qué no se reconoce como una manifestación del mismo esta actuación callada de tantas mujeres?"

Nosotras igualmente deberíamos sacar nuestra verdad oculta, ¿o deberíamos decir ocultada? Porque si hay un hecho cierto, en todo este asunto de la opresión femenina, somos precisamente las mismas mujeres quienes la practicamos, criando hijos machistas e hijas sometidas. Es por eso que "el cambio fundamental debe empezar en las mujeres, sentirnos orgullosas de nuestras antepasadas, incorporarlas a nuestro presente, para poder transformar aquellos aspectos que nos han asumido en una situación de sometimiento y ofrecerla a la humanidad, hombre y mujeres, en su aspecto positivo, con el objetivo de que juntos avancemos juntos y de esa manera hacer historia"

Desde mi propia experiencia asistiendo y conociendo a cientos de mujeres a lo largo de veinte años, puedo decir que existen muchas razones por las que algunas mujeres modernas viven gran parte de sus vidas tristes. Entre estas razones que podríamos llamar "de la vida ordinaria" se encuentran:

- El poco conocimiento que tiene sobre su propia identidad e infravaloración.
- El vacío de sentido que muchas veces existe en su vida aún cuando haya abrazado una vocación: soltera, religiosa, esposa, madre, profesional.
- Gran cantidad de información a la que está sometida, exigencias de belleza y éxito que la sociedad actual impone a través de los medios de comunicación.
- Búsqueda de felicidad fuera de ella, que la lleva a alejarse de su verdadera razón de existir.
- Expectativa de saber qué es lo que le depara el futuro; que la lleva a buscar adivinos, astrólogos, etcétera, con la esperanza de saber qué pasará mañana en su vida.

Entre las razones que podríamos llamar "circunstanciales o de acontecimientos" y que pueden llevar a la mujer a entristecerse, algunas son:

- rompimiento con el hombre que ama
- aborto espontáneo y el aborto provocado
- vida sexual desordenada incluyendo la búsqueda de placer por su propio medio
- fracaso en el matrimonio, divorcio
- muerte de la madre o de un hijo
- inestabilidad en la vida.
- salto de la pobreza a la riqueza, o fama repentina.

Para poder ayudarlas, ante todo se debe profundizar en por qué la mujer se entristece; buscar vías que le ayuden a una recuperación y restablecimiento de la vida. Es muy necesario que si ella quiere recuperarse, no "esconda" -a quien debe- que está triste, pues la aceptación de su propia tristeza, es un paso gigante que la ayudará a sanar su vida, y especialmente buscar ayuda, para hacer la distinción entre tristeza y depresión. ¿Pero cómo es la depresión? Cuando se está deprimido el estado afectivo esta distorsionado, hay alteraciones de pensamiento; pero además esto puede tener repercusiones importantes a nivel físico y no solo mental. La mujer deprimida presenta las siguientes características:

- Se siente triste o vacía.
- Presenta una disminución acusada en sus intereses y en la capacidad de sentir placer en todas o casi todas las actividades que realiza.
- Pérdida o aumento de apetito que repercute en el peso corporal; insomnio o hipersomnia.
- Agitación o enlentecimiento en las actividades motrices que realiza.
- Fatiga o pérdida de energía; baja autoestima, culpa excesiva, sentimientos de inutilidad o inapropiados.
- Indecisión, disminución en la capacidad de pensar o concentrarse, y en ocasiones pensamientos recurrentes de muerte.

Si varios de estos síntomas se presentan durante un período de más de dos semanas estaremos hablando de un episodio depresivo que sin duda requiere la ayuda de un profesional.

Esto tiene que ver con la importancia que toda mujer otorga a los sentimientos; y hacer del amor tanto de pareja, como en sus relaciones interpersonales, el centro de su vida.

Además, a nivel social, recibe una influencia importante que le hace percibir lo bueno o lo malo, quedando inscrito a un nivel inconsciente. Por eso es necesario que ante un cuadro de tristeza duradera, la mujer busque un tratamiento que pueda ayudarla a salir de ese estado en que se encuentra. Con la ayuda de un tratamiento adecuado la mujer saldrá fortalecida, porque logrará cambios importantes a la hora de hacer frente a los problemas que la han llevado a este estado anímico.

Existen múltiples factores incontrolables, que contribuyen en forma directa o interactúan para precipitar la aparición de la depresión. Como es la genética y el estrés; los episodios estresantes de la vida contribuyen a la aparición de depresión en hombres y mujeres, pero afectan de manera diferente a cada género, en las mujeres están más estrechamente asociados con problemas de relación, falta de vivienda adecuada, y la pobreza.

La mujer es altamente dependiente de sus ciclos hormonales que le provocan alteraciones en el ánimo y la vivencia de ser muy cambiante e impredecible, incluso para ella misma. Dramáticos cambios se provocan en el cuerpo y la psiquis de una mujer durante sus ciclos menstruales, cuando está embarazada, amamantando, y en la menopausia. Hay publicaciones que afirman los ciclos hormonales influyen en el rendimiento en memoria de trabajo para material verbal, en memoria visual de objetos a corto plazo y en el componente espacial de la memoria visual constructiva. Y en base a esto concluyen que los ciclos naturales de las hormonas sexuales parecen influir sobre las diferencias entre sexos en algunas medidas de memoria. Lo que "olvidan mencionar" estos estudios es que se observa una ventaja femenina en el recuerdo de palabras a largo plazo (Test de Aprendizaje Audio verbal de Rey) y en el recuerdo visual de objetos a corto y a largo plazo (Test de Memoria Visual de Objetos y Localización Espacial). Una ventaja masculina es la amplitud de memoria de dígitos (sub test de Dígitos). En definitiva, podemos concluir que los ciclos naturales de las hormonas sexuales pueden llegar a condicionar la existencia y dirección de las diferencias entre hombres y mujeres en memoria. Por ello consideramos que a los ciclos hormonales (masculinos y femeninos) como un factor importante, que se debe tener en cuenta al estudiar las diferencias neuropsicológicas entre sexos.

Las mujeres son también más frecuentemente afectados por el abuso físico y sexual, que influyen significativamente en episodios futuros de depresión. El abuso psicológico o emocional involucra cualquier comportamiento, verbal o no verbal, que impacta negativamente sobre el bienestar emotivo o psicológico de otra persona. Se dan casos de abuso psicológico/emocional en matrimonios, parejas íntimas, padres e hijos, hacia los ancianos, y por lo general, donde exista una diferencia de poder. La depresión no discrimina sobre la base de la raza. Mujeres de todos los grupos étnicos sufren de la depresión y es a causa de todos los factores que analizamos que es en nuestro género donde hay la mayor tasa de depresión. Definitivamente, las mujeres tienen una mayor incidencia de episodios depresivos, que a menudo comienzan durante la adolescencia, en jóvenes y también la edad adulta.

Desencadenantes en los primeros 20 años

Los estereotipos de género son ideas simplificadas, pero fuertemente asumidas, sobre las características de varones y hembras, que se traducen en una serie de tareas y actividades que les asigna cada cultura (roles de género). La construcción social y subjetiva del género comienza desde el mismo momento del nacimiento, e incluso antes, desde el vientre materno, con las ensoñaciones de los futuros padres acerca del bebé que está por llegar. A lo largo de nuestra vida, en la familia, en la escuela, y en nuestro ambiente relacional se nos dice qué está bien y qué no lo está siendo tanto en hombres como en mujeres, desde la forma de vestirnos a la manera de hablar, de expresarnos, comportarnos, a qué podemos jugar o en qué deportes participar. Al margen de la dotación biológica o genética que diferencia a los machos de las hembras, el hecho de ser hombre o mujer implica un largo proceso de enculturación, aprendizaje y adaptación a los roles establecidos. Los rasgos atribuidos al género masculino giran en torno a las características de liderazgo, independencia, toma de decisiones y capacidad de análisis y organización, y en torno a su ejecución con rasgos de agresividad, resistencia, tenacidad y dominancia. Las atribuciones femeninas en cambio giran en torno a la pasividad y la dependencia, con actuaciones más centradas en el ámbito de lo privado y más adaptativas, con ejecuciones caracterizadas por la ternura, la suavidad, la expresión y la colaboración. Fundamentalmente, las niñas son víctimas en dos aspectos: de la violencia sexual y son de una forma severa de abuso emocional. El daño neurofisiológico que se produce en el cerebro por el abuso emocional es muy similar al que se produce por el abuso físico y por el abuso sexual. Peor aún: el nivel de estrés prolongado en todas las personas víctimas de violencia conlleva unos niveles de cortisol (hormona de stress) muy altos. Se ha demostrado que esto termina por dañar y matar literalmente neuronas. En consecuencia, nuestras niñas van a tener menos capacidad de aprendizaje. Y menos aprendizaje significa menos capacidad "productiva para los países"

La violencia contra la infancia femenina adopta formas diversas; violencia en el hogar (física y emocional); violaciones; trata de mujeres y niñas; prostitución forzada. Es común la violencia en situaciones de conflicto armado, como los asesinatos, violaciones sistemáticas, esclavitud sexual y el embarazo forzado; los asesinatos por razones de honor; violencia por causa de la dote; infanticidio femenino y la selección prenatal del sexo del feto en favor de bebés masculinos; finalmente mutilación genital femenina y otras prácticas y tradiciones perjudiciales.

Las pequeñas son víctimas de hostigamiento, acoso sexual y abuso en las escuelas. Desde México a China, las niñas se enfrentan a las discriminaciones, a recibir golpes en nombre de la disciplina, al peligro de ser agredidas sexualmente, acosadas o intimidadas de camino a la escuela o en ella misma. Sufren amenazas de agresión sexual de otros estudiantes y escuchan como profesores les ofrecen calificaciones más altas a cambio de favores sexuales. Informe de Amnistía Internacional sobre la situación de las alumnas en el ámbito escolar (2008) A medida que se resuelven las dificultades de integración de las mujeres en la educación, el problema pasa a ser, no el de "cuántas mujeres estudian", sino el de la "calidad de esta educación y cuál es el ambiente de estudio". Los obstáculos que encuentran las mujeres en el sistema educativo, más allá de la posibilidad de acceder o no a éste, son: los estereotipos presentes en el material educativo, y la segregación en la orientación vocacional (la cual afecta también a la participación de las mujeres en el progreso científico-tecnológico y en la educación técnica). La escuela contribuye a la reproducción de las diferencias de género de distinto modo, por un lado, los libros de lectura refuerzan los estereotipos femenino y masculino; y por otro lado todavía existen las maestras que tienen determinadas expectativas y percepciones acerca del comportamiento de sus alumnos de acuerdo con el género. Dichas expectativas están relacionadas con los modelos femenino y masculino dominantes, y es a partir de ellas que los docentes estimulan o no la realización de determinadas actividades. Las mencionadas maestras ajustan a su vez sus prácticas a sus expectativas. Estimulan a sus alumnos para que realicen actividades diferenciadas según su sexo, sancionan más a los varones, porque "a las nenas basta con llamarles la atención o darles alguna tarea, como por ejemplo, hacer un dibujo, en cambio, a los varones hay que retarlos una y otra vez porque les cuesta hacer caso". Cuando perciben en sus alumnos conductas y cualidades que no se ajustan a sus expectativas, no las integran a sus concepciones; tienen un modelo de cómo deben ser nenas y varones, y en su discurso formal es este modelo que aparece, aun cuando se contradiga con lo que realmente sucede en el aula y ellas mismas rescatan en charlas informales, en las cuales se quejan por ejemplo de la agresividad de las nenas. Si las conductas o demandas no se ajustan a sus expectativas, en una niña la consideran "anormal"

En relación con el desempeño deportivo, algunas investigaciones encontraron a las niñas más propensas a tener una baja percepción de la habilidad en clase de educación física que los niños, siendo el sentimiento de vergüenza por su bajo nivel de habilidad una de las razones por la que no les gustaba la asignatura tanto como a los chicos. De igual manera, las chicas evitaban entrar en competencia con el sexo opuesto, la orientación a la competición y una mayor agresividad en el desarrollo de las actividades físicas no respondía a las expectativas de las chicas. Parece necesario no perder de vista las orientaciones de meta educacional y los climas motivacionales que permitan equilibrar los intereses del género hacia la práctica deportiva. Algunas investigaciones han revelado una mayor orientación al ego por parte de los chicos y/o una mayor orientación a la tarea en las chicas. De este modo, el auto concepto en educación física es una cuestión de especial importancia en la medida que se configura durante la interacción social que existe con los demás, convirtiéndose la imagen que uno tiene de sí mismo en la imagen que se cree los demás tienen de ti. Las diferencias entre hombres y mujeres existen, pero es responsabilidad de los educadores, que no se transformen en exclusión o minimización del otro sexo. Se debe procurar el modo en que cada alumno, encuentre su lugar en la práctica deportiva, pudiendo escoger aquella que más le guste.

"Se sugiere entonces, que la Educación Física busque en su especificidad acciones que vengan a reconstruir esta naturalización extremada de los papeles de género". Por ejemplo, propiciando un espacio donde todos estén en igualdad de condiciones pudiendo desenvolver su potencialidad motora. Lo ideal sería que ambos sexos aspirasen a la incursión en la cultura del otro, extendiendo así sus potencialidades.

En varios países de Latinoamérica, Asia y África, el nacimiento de una niña se considera una desgracia o un castigo divino. Esta propaganda ideológica, lejos de estar reñida con el principio de que la mujer tiene los mismos derechos que el hombre, discrimina a la mujer desde el instante en que la presenta como a un ser menos capaz e inteligente que el hombre. La mayoría de las mujeres están entrenadas para la resignación y el sometimiento. Se las obliga a quedarse en el hogar para cuidar a los hermanos menores, para ayudar en las labores domésticas, del campo y en el comercio informal. Es decir, las desventajas y discriminación de la mujer comienzan en la cuna. En el área rural, ellas asisten menos que los varones a la escuela, dejan de educarse a muy temprana edad y por consiguiente, tienen la mayor tasa de analfabetismo. Las niñas son los seres más despreciados en muchas culturas. Así, en las naciones dominadas por el Islam, la mujer es "ciudadana de segunda categoría". Según una de las aleluyas del Corán, los hombres tienen autoridad sobre ellas, en virtud de la preferencia que Alá concedió a unos más que a otros.

En la India, Pakistán y Bangladesh, existe una regla admitida para frenar el crecimiento de la población rural se aplican medidas coercitivas, de acuerdo al sistema de planificación familiar en vigencia, así este sistema de planificación abusivo sea una clara violación a los Derechos Humanos y una discriminación abierta contra la mujer. En la India, siguiendo las costumbres atávicas, un padre casa a su hija en un matrimonio de conveniencia, previo acuerdo y desembolso de una dote sustanciosa. En los inicios del nuevo milenio siguen siendo muchas las barreras que dificultan el desarrollo y el respeto de los Derechos Humanos de las niñas.

Sin ir muy lejos, en algunas regiones del continente africano, más de 80 millones de niñas y adultas han sido circuncidadas mediante la ablación del clítoris y la infibulación; una forma de violación contra la dignidad de la mujer, consistente en extirpar de cuajo el clítoris y los labios menores, para luego coser la vulva hasta no dejarles sino un pequeño orificio que les permita menstruar y expeler la orina. Asimismo, para evitar el ayuntamiento carnal antes del matrimonio, colocan un elemento extraño en la parte exterior del orificio vaginal. En algunas tribus atraviesan transversalmente los labios mayores con espinas, las mismas que deben ser extraídas sólo por el marido la noche de la boda, como un acto ritual de posesión masculina.

Estos son algunos ejemplos que nos permiten afirmar que, la discriminación femenina comienza en la cuna; y lo que es peor, se prolonga a lo largo de su vida. La niña suele ser objeto de la discriminación desde las primeras etapas de su vida, a lo largo de la infancia hasta cuando llega a la edad adulta. Su situación de inferioridad se refleja en la negación de sus derechos y necesidades fundamentales y en actitudes y prácticas tan dañinas como la preferencia de los hijos varones, el matrimonio precoz, el abuso doméstico, el incesto, la explotación sexual, la discriminación, una menor cantidad de alimentos y un menor acceso a la educación.

Formas de Discriminación entre los 20 y 40 años:

Ser mujer y joven, es estresante! Contar calorías, hacer ejercicios para estar en forma, demostrar inteligencia, estar bien vestida, ganarle a las amigas, huir de la soltería, tener hijos antes de los 30. Han sido educadas desde pequeñas para cumplir expectativas poco realistas que la sociedad les ha impuesto. Las mujeres caemos normalmente en el grave error de crear expectativas sobre nosotras mismas que nos obligan a ser súper mujeres: hay que ser bonita, flaca, inteligente, estudiada, culta, buena madre, buena pareja, buena amante, buena en la cocina, además exitosa en el campo laboral y nunca parecer que estamos cansadas o que no podemos asumir TODOS los retos. Tenemos un miedo inmenso a mostrar vulnerabilidad, a decir no puedo; "no me alcanza el tiempo, me muero por dentro" y muchas veces es mucho más fácil decir que vivimos en un mundo de hombres, que somos discriminadas y que siempre es peor para nosotras, en un afán de esconder que verdaderamente solo una porción mínima de la humanidad pueden ser súper mujeres y que "yo no soy una de ellas".

Estamos estigmatizadas por nosotras mismas; la depresión y el estrés muchas veces conduce a las adicciones. La razón de fondo es que son mujeres quienes compran 85 por ciento de todo lo que se fabrica en el mundo; así que para realizar las campañas publicitarias, se estudian las reacciones emocionales de mujeres ante el producto y con ello se crean los comerciales! Los medios de comunicación constituyen una herramienta persuasiva y es cada, vez mayor la importancia de los medios masivos: la televisión, cine e internet, que imponen especialmente a jóvenes una serie de normas en la sociedad que deben seguir. Ejemplos comunes: extrema delgadez, presión sobre la maternidad, obsesión por la perfección en el hogar, matrimonio como situación ideal, cánones de belleza.

Esta presión por la perfección no viene exclusivamente de los medios, que gran parte de ella es ejercida por la madre. Generalmente, nada de lo que hagas como mujer cumplirá completamente con las expectativas que tu madre tenía de ti! Esa competencia comienza entonces entre las madres y las hijas en casa, pero se alimenta al transcurrir los años con los mensajes que emiten los medios de comunicación a las mujeres. Los patrones de belleza sí son construidos por los medios de comunicación. Esto conduce a las mujeres al consumismo en la ropa, maquillaje y cirugía estética. No es gratuito que tres por ciento de las mujeres padezca algún trastorno alimenticio y que un 90 por ciento de la población femenina se preocupe por el número de calorías que come a diario. La competencia femenina y crítica constantes generan un estado de presión descomunal sobre estas mujeres.

Durante la gestación, la mujer sufre cambios físicos y psicológicos muy importantes: se le baja la tensión, siente vértigos, vómitos y náuseas, se enlentecen sus reflejos y necesita más tiempo para el reposo y el descanso. También su mente se agita pensando fundamentalmente, si será capaz o no de llevar a buen término su embarazo y le surgirán multitud de dudas e inquietudes al respecto. ¿Es este hecho suficientemente conocido, reconocido y valorado? Háganse esa pregunta!

"La mujer es la única responsable del éxito o fracaso de un matrimonio". Cuantas de nosotras recibimos esta opinión y/o consejo, detrás de la cual está implícito que **"es nuestro deber hacer lo posible e imposible para mantener el matrimonio"** y que los hijos tengan una estabilidad que les permitiera crecer saludablemente. ¿Cuántas de nosotras no escuchamos de boca de nuestras madres este comentario? Esta es una estrategia muy evidente para quitar la responsabilidad a los varones. Por décadas nos hicieron creer que la mujer era culpable del rompimiento, la infidelidad masculina, la apatía y el desamor.

Afortunadamente las investigaciones en psicología de pareja y familia; han mostrado importantes resultados que nos llevan a la conclusión de que la vida de pareja es asunto de dos, en donde participan, deciden, crean o destruyen ambos.

Las mujeres que han luchado antes que nosotras para lograr un clima de igualdad en Occidente, más palpable en unos países que en otros, nos han hecho el camino más simple, hoy podemos hacer CASI TODO lo que hace un hombre; El límite de cada individuo no tendría que ver con el género, debería tener que ver con las condiciones individuales, la educación, la inteligencia, la capacidad etc. Sí existe una real discriminación en el mercado laboral basada en el género, como nos corrobora La Organización Internacional del Trabajo (OIT) que alertó sobre esto en el informe. "La igualdad en el trabajo: afrontar los retos que se plantean", presentado en Bruselas, resalta los progresos alcanzados en la lucha contra la discriminación laboral, pero señala que las desigualdades de ingresos y oportunidades para muchas personas siguen acrecentándose. En el lado negativo, la OIT destaca, que pese a la mejora continua de la situación laboral de las mujeres durante los últimos años, las desigualdades siguen siendo muy importantes. Como ejemplo, señala que en la Unión Europea (UE) la diferencia en los ingresos brutos por hora entre hombres y mujeres continúa siendo de un promedio del 15 por ciento. En cuanto a la presencia de mujeres en empleos como legisladoras, funcionarias principales o gerentes, el porcentaje se reduce hasta el 28,3 por ciento, también con grandes diferencias entre Norteamérica (41,2%), América Latina y el Caribe (35%) y la UE (30,6%).Mucho peor es la situación para la mujer en Oriente Medio y el Norte de África (11%) o en Asia Meridional (8,6%).

El hecho de que las mujeres se estén abriendo paso, que tengan más acceso a la educación y al trabajo, contribuye, hasta cierto punto, a su independencia, económica y emocional. En esta nueva realidad, hay cosas buenas y cosas malas; si no se hacen ajustes en los roles domésticos, indudablemente la mujer termina trabajando el doble o el triple o se abre una brecha de quién tiene que cuidar a los niños. En el hogar el factor de protección más importante es la presencia de la madre. Es un hecho demostrado, que cuando nosotras no estamos en el cuidado directo de los hijos, hay mucho más riesgo de abuso sexual.

Ese temor inconsciente de la mujer a **"quedarse sola"**, y que nos hace construir NUESTRAS PROPIAS CÁRCELES, en muchas ocasiones hace que permitamos el maltrato físico, verbal y emocional y hasta la infidelidad, por tratar de retener a alguien a su lado. A menudo se destaca en los medios de comunicación la violencia física de que son víctimas miles de mujeres en el mundo, incluyendo aquéllas que mueren diariamente a manos de sus compañeros de vida. Ésta es la evidencia más cruda de la existencia de este terrible flagelo en nuestros hogares.

Sin embargo, existe otro tipo de violencia intrafamiliar que es aun más común que la violencia física; y que deja sus secuelas también son brutales, pero no se destaca suficientemente. La violencia emocional es más difícil de demostrar y es minimizada porque no deja cicatrices visibles, aunque sus secuelas son más profundas, porque su blanco es el espíritu y la psiquis de la víctima.

En nuestras sociedades machistas justificamos este maltrato catalogándolo de "normal". Es más fácil hacerse de la vista gorda y culpar a las víctimas señalándolas de idiotas por "dejarse" o "merecerlo", sin comprender el proceso estructurado del abusador que prepara las circunstancias para asegurarse el control absoluto sobre su víctima y abusarla impunemente.

Con trato dulce y promesas que nunca llega a cumplir, el típico abusador sutilmente aísla a su víctima de todo su entorno, manipula para hacerla depender emocional y económicamente de él. La empuja a renunciar a sus medios de subsistencia e independencia, a alejarse de sus intereses, amistades y familia. Al llegar el momento del maltrato, no tiene salida o escape y le acepta todo. Culpa a su víctima de todas sus acciones abusivas: Si él se embriaga es porque ella lo provoca, si la rechaza, la insulta o le es infiel es porque ella no merece ser amada por no ser suficientemente buena en determinadas actividades, delgada o atractiva o porque para él, ella no hace nada bien y no es capaz de hacerle feliz. Siempre inventa una justificación, de la que ella es responsable por su crueldad. El abusador es un déspota cuyo comportamiento oscila entre amoroso y cruel, para mantener a la víctima confundida, atada y sometida. El dinero lo utiliza como un instrumento de control; el amor y el cariño como una forma de premio o castigo al sometimiento absoluto a la voluntad del tirano.

¿Cuántas mujeres sufren en silencio este tipo de violencia en el Mundo? ¡Muchísimas más de lo que podemos imaginar! Podrías ser tú, o tu madre, tu hija o tu hermana, tu vecina o tu amiga. Ni cuenta nos damos, pues la víctima es leal, y teme a las reacciones del déspota, le guarda el secreto, lo protege, y generalmente ¡lo ama!¿Podemos acaso imaginarnos lo devastador que es vivir a diario recibiendo insultos, rechazos, maltratos y traiciones del ser en quien hemos depositado toda nuestra confianza, nuestro amor y de quien dependemos aun para nuestro subsistir?

El abuso emocional va permeando poco a poco la psiquis. No sucede de la noche a la mañana. Hasta las mujeres más inteligentes, capaces e independientes pueden llegar, sin darse cuenta, a ser víctimas y perder su autoestima y dignidad en manos del hombre que aman, tratando de salvar la ilusión de su relación conyugal. La violencia emocional ya está tipificada como un delito por ser reconocidos sus demoledores efectos en las víctimas, sin embargo, pocas veces se procesa y se condena a los abusadores; usualmente el delito es minimizado y el proceso mismo, es conducido para maltratar aun más a la víctima y proteger al victimario.

Hay quien podría pensar que en países desarrollados esta discriminación no existe, es mínima, o cosa del pasado..... Sin embargo, han sido muchos los siglos durante los cuales la mujer ha estado recibiendo un trato erróneo; muchas de estas formas mentales tradicionales se han arraigado sobre nosotros. Para que la sociedad actual se pueda ver totalmente exenta y libre de discriminación alguna hacia la mujer, falta mucho camino por recorrer.

En ocasiones, la discriminación está implícita en el lenguaje; y como este es un instrumento que utilizamos cotidianamente, se nos pierden matices y significados, que asumimos sin una reflexión previa. Estamos tan acostumbrados a escucharlas que restamos importancia a frases o expresión de alguna manera denigrantes, o injustas. Los avances en el último siglo han sido espectaculares, si se notan aires de cambio en todo el planeta, un resurgir del principio femenino, que nunca ha pretendido suplantar ni someter al masculino, sino manifestarse en su plenitud, con toda su riqueza y posibilidades.

¿Y qué pasa con las mujeres después de los 50?

Una mujer de 50 años o más; es decir "menopáusica", está inmersa en una cultura que hace lo imposible por convencernos que después de esa edad ya nada bueno se puede esperar, pues ya el reloj biológico las obliga a repensar, no solo sus relaciones con ella misma, sino también con los otros y el mundo.

Para mí, tener 50 años, es igual a tener dos veces 25; y eso me hace obligatoriamente pensar la fortaleza y riqueza del ayer y precario del mañana. Es indispensable estar dispuesta a vivir intensamente la década que se abre con la lúcida convicción de que puede ser la última; ya es hora de no posponer sueños, hay que hacerlos realidad en la medida de lo posible. Ha llegado el momento de alegrarse cuando, al despertar, a uno le duele algo: una articulación, la cabeza o lo que sea, pues eso significa que estamos vivas. Es momento de tener respeto a los espejos, porque ellos jamás mienten y no volverán nunca a mentir.

Tener 50 años o más, es por fin saber quiénes son sus verdaderos amigos y amigas, haberse ganado el enorme privilegio de no simular mas frente a los otros. Podemos disfrutar de decir "no" cuando es no. Es el tiempo en que nos conocemos a fondo y así logramos ese diálogo enriquecedor con nosotras mismas; conocemos los caprichos de la digestión, los ritmos del corazón, la capacidad de los pulmones y otros detalles que antes no teníamos interés en apreciar. Llegó la hora de burlarse de las dietas que aparecen en las revistas femeninas, pues ya uno sabe perfectamente cuál es la dieta que le conviene a nuestro cuerpo.

Es el momento de recuperar la libertad, de tener el privilegio de conversar con la soledad y de esa manera nunca sentirse sola con ella. No tener que pedir permiso a nadie para cumplir un viejo sueño, para ir al cine, a las tres de la tarde, tomarse un trago mirando la tele, o prender las luces a las 3 am para leerse un capítulo del libro que se está leyendo porque no se logra conciliar el sueño. Saber que nadie nos espera en casa y alegrarse porque podrá almorzar o comer con lo que más le gusta: una ensalada, con queso, acompañada de pan y una copa de vino tinto. Poder comer lo que se la antoja a la hora que se le antoja es un verdadero lujo para una mujer.....así que disfrútelo.......de ahora en adelante, cada vez lo podrá hacer más.

Llegamos a la edad de asombrarse y disfrutar lo que ha logrado con sus hijos, quienes se acercan a la década de los 30. Es inaugurar, nuevas miradas, nuevos diálogos con ese sentimiento de desprendimiento y de levedad frente a ellos. Es también el momento para gozar de ser una abuela indecente, enamorada, liviana y desculpabilizada. Cuando se tienen 50 años o más, se entiende el misterio de la vida y se empieza a confrontarse con la muerte, sin temor ni tristeza, pues hay que acostumbrarse que ella está ahí asomándose, tímidamente pero inexorable. Es cuando empezamos a despedirnos demasiado temprano, siempre demasiado temprano! de buenos amigos y amigas.

Invito a mis amigas generacionales, ha aprender a burlarse de una cultura que decidió volvernos invisibles, que espera nos quedemos calladas y deterioradas. Cultura basada en la lógica de mercado; que a través de sus comerciales no muestran sino la belleza y la juventud asociados al amor y al éxito. **¿Ser deseada a los 50? IMPOSIBLE DICEN. Y si tiene más: UNA LOCURA.** Afirmación sustentada en el hecho de que son justo, los hombres de 40, 50 o 60 los que siguen prefiriendo una mujer de 26 años frente una de 50. Sin valorar que esa mujer, ya conoce su cuerpo, ya resolvió los problemas de la maternidad, sabe cocinar, tiene una historia, y sobre todo "esa belleza, esa expresión, esa mirada que la ha dado la vida y la experiencia de los amores difíciles", sin olvidar, que hoy en día, hay muchas cincuentonas que están mejor que las de 20. Ellos se lo pierden!

Ahora bien, entrando en el tema central de la sexualidad después de la Menopausia, los voy a invitar a leer algunas frases de las 10 últimas páginas del libro de Gabriel García Márquez, "El amor en los tiempos del cólera", donde Florentino Ariza y Fermina Daza, ambos acumulando más de 150 años, hacen el amor..Descubriendo que "hacer el amor es mucho más que un acto biológico de penetración ligado a ciertos estímulos hormonales". El amor, el erotismo y el deseo no tienen nada que ver con la tan manoseada química". Los invito a leer ese libro y en particular esas últimas hojas, donde se demuestra que "la circulación del deseo, desde lo imaginario, lo simbólico, la palabra y la experiencia amorosa acumulada pueden más que: sequedad de las paredes vaginales y disminución del deseo sexual.

Amar y desear a los 50, 60, y hasta los ochenta, es la victoria de lo simbólico, lo imaginario y del erotismo sobre la triste copula de los animales; desafortunadamente de algunos miembros de la especie humana también. Por supuesto que para vivir esto, es necesario, como ya lo mencioné decir adiós a los estereotipos culturales que constituyen a menudo nuestras propias ataduras.

Tener 50 o más años hoy en día, puede ser un goce!. Para mí lo es!. El fin de la menstruación es un alivio, un nuevo respiro para tu cuerpo, que finalmente está libre de los altos y bajos producidos por las hormonas; generalmente marca el inicio culturalmente más productivo, una etapa de crecimiento personal, intelectual y laboral. Es el momento también de nuevos diálogos con el cuerpo, ese nuevo cuerpo, tratando de desechar los estereotipos recibidos y los mensajes negativos, sin descuidar los evidentes efectos que puede tener esa disminución drástica de los estrógenos sobre el organismo en general.

Así que las invito a disfrutar de las ventajas de la Menopausia: hacer el amor sin usar método anticonceptivo alguno, dejando circular el deseo; tener en cuenta que nunca es tarde para empezar a amarse a sí misma, cumplir sus sueños, volver a enamorarse y tener la libertad de volver a empezar si es lo que desean. ¿Los calorones? pasarán, la acupuntura y la medicina homeopática hace milagros, así como las terapias de substitución hormonal, hay soluciones para todos los gustos. En cuanto a la resequedad vaginal, se la inventó una cultura misógina para justificar la preferencia de tener sexo con jovencitas, perdiéndose así la delicia de aprender con mujeres maduras cosas que ni siquiera sospechan!

¿Qué cuáles son mis expectativas para los 60, 70 y hasta cuando Dios decida? Las mejores, seguir viviendo con toda la intensidad que mi salud me permita, seguir amando, creciendo y evolucionando como persona. Continuar haciendo modestas contribuciones para mejorar el mundo que me rodea, en lo que me sea posible. Y cuando toque, pues uno nunca sabe qué día va a retirarse de este mundo, hacerlo con la satisfacción de haber vivido con toda la intensidad que fue posible.

Quiero cerrar el libro con este párrafo:

Mujeres somos desde el día que nacemos hasta el que tengamos que morir; no más en una etapa ni menos en otra; sino diferentes en cada momento, tan diferentes como lo somos las unas de las otras.

Y agregar que ser mujer ES UN PRIVILEGIO, somos fuente de vida, amor, solidaridad, confraternidad y de gregarismo…

¿Qué será del mundo cuanto esté en manos de mujeres?

Indice